脱近代へ

北沢方邦

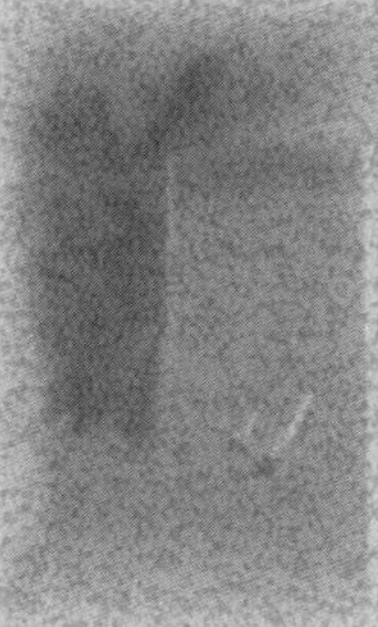

知／社会／文明

藤原書店

脱近代へ　目次

序章　一文明の終焉　7

九月十一日事件の意味／知の無力化／人間の分裂／身体性喪失の意味／人権と私権との葛藤／超近代性／計算不可能性の増大／脱近代の知

第一章　蒼ざめた知　25

近代性とはなにか／近代性の起源／中世末期の知の変革／オッカムの剃刀／近代の知への道／神の人間化と人間の神格化／感性の論理と芸術／理性と感性の分裂／言語＝理性中心主義の確立／異端としての反合理主義／主観性と客観性／プラクシスとプラティーク／イデオロギー／歴史主義と進歩史観／近代の自己意識の破綻／近代の自己意識としての物理学／近代の自己意識としての生物学／計算可能性の限界

第二章　蒼ざめた社会　63

公的と私的／主権と人権／王権と教会権／公と私の分裂と主権の所在／疎外と物象化／国家的なものとはなにか／国家と社会と経済との対立／私権による社会の崩壊／公共の利益と公共の福祉との背反／情報化社会または管理社会の矛盾／超国家的

なものの力／農林漁業の破滅／資本主義とはなにか／蒼ざめた社会の終わり

第三章　蒼ざめた人間　99

人間とはなにか／言語の分裂／神話的思考の喪失／近代人の孤独と不安／近代のニヒリズム／死との対称性を失った生／文化の恐るべき画一化／身体性の喪失／アイデンティティ危機／性、セクシュアリティ、ジェンダー／近代の性とジェンダー／人格と人間関係の崩壊／鏡としての他者・敵としての他者／差別の根源／人間性の解体と「人間主義」

第四章　脱近代の知をめざして　137

あらたな弁証法的知／記号による思考体系／知覚と記号体系／デカルト的二元論を超えるもの／構造とはなにか／構造としての本能／構造としての脳／構造としての自然と宇宙／構造のダイナミズム／非線形性と構造／自然科学と人間科学の区分を超えて／ジェンダーと思考／知としての気／プラティークとプラクシスの弁証法／脱近代の知とはなにか

第五章　脱近代の社会をめざして　177

社会とはなにか／内面の絆／プラティークへの新しい書きこみ／母性原理としての農林漁業／母性原理と父性原理の論理／生産と消費のありかた／地域分権と共同組織《コンミュナル・オーガニゼーション》／関心の共有性／一般意志の結集／地域社会の変容／脱近代の国づくり／関心の国際化／ガンディーの経済学／政治権力と経済権力からの解放の道筋／知と社会の弁証法

終章　脱近代文明とはなにか　215

脱近代文明をめざして／人間の変革／人間変革のための教育／人類の普遍性と多様性の認識／思考体系と社会の変革／母性原理としての生産と経済の復権／環境と社会への利潤の還元／ジェンダー・バランスの回復／脱近代文明の姿

文献リスト　239

あとがき　242

索　引　254

脱近代へ

知／社会／文明

序章　一文明の終焉

九月十一日事件の意味

あの黙示録的光景を思いだしてみよう。ガラス張りの青い壁とアルミニウムの枠組に朝の光を煌《きらめ》かせながら、黒煙をあげて炎上する超高層ビルディング、双棟のもう一方に旋回しつつ激突する大型の機影と、噴出し、飛散する赤い炎と無数の黒い破片、やがてゆっくりと倒壊し、吹きあがる膨大な白煙のなかに姿を消していく超近代的な塔屋の、目蓋に焼きつく幻影……影像の衝撃力をはるかに超え、ひとつの黙示録的光景として記憶に刻まれたのは、それが、なんらかの象徴的使信を伝達していたからである。おそらくひとつの時代の終焉、あるいはひとつの文明の終焉を告げるかのように。

九月十一日のあの朝まで、近代文明の未来は、確固として展望されているようにみえた。多少の景気後退はあるとしても、経済的・文化的グローバリゼーションは確実に進行し、情報技術にもとづく市場経済の拡大はさらなる富の蓄積をもたらし、その恩恵はゆたかな消費として社会に還元され、国家や政府の機能は縮小し、やがて文明は、個人の自己決定権がますます重みをもつ自由な擬似ユートピアにいたるであろう、と。

だが九月十一日事件は、そのような楽観的な未来像を、観念においても現実においてもみごとに打ち砕いた。観念的には、たんに自爆テロや生物化学兵器による攻撃に対する不安や恐怖だけではなく、グローバリゼーションが国内的・国際的な貧富の格差の増大によって、幸福よりも犯罪の多発や環境破壊をもたらし、人類の未来を危うくするのではないか、といった漠然とした不安がひろがり、直面している経済的停滞も、むしろグローバリゼーションの挫折という構造的なものではないか、とする疑念にひとびとは囚われはじめた。

現実的には、国家や政府の権力機能は拡大し、一般市民に対するあらゆる通信手段を通じた盗聴や監視、あるいはメディアへの規制強化などが常態となる反ユートピア社会、つまりジョージ・オーウェルの悪夢実現への一歩が踏みだされ、国家権力のもとでは近代民主主義制度などはいかに脆弱なものであるか、その実態をさらけだすこととなった。

そのうえ絶望的なことは、こうした状況や現実を明晰に把握し、分析する知の力が極端に衰退し、その結果、グローバリゼーションによる擬似ユートピアに代わりうる未来像が提示できないだけではなく、こうした状況の変革を望むひとびとにもなんの展望もあたえられないことである。マス・メディアに声高に登場するのは、グローバリゼーション支持者や市場経済万能主義者といった新保守主義知識人、または国家権力のみが国民の安全を保障するという幻想にひたるナショナリストたちの右翼的言論であり、またマス・メディアの主流も、テロリズムの根源にあるものと表層的現象とを混同し、それがイスラーム過激派によって引き起こされたがゆえに、これは西欧対イスラームとの《文明の衝突》であるとする安易な図式をひろめるにすぎない。

のちに述べるように、文明とは、個々の文化を束ねながら同時にそれらを超えているひとつの超体系《ハイパーシステム》であって、西欧文明やイスラーム文明といった実体や制度があるわけではない。そのうえキリスト教やイスラームといった世界宗教は、文明の伝達や移動の促進要因であるとしても、個別の文明と不可分であるのではまったくない。《文明の衝突》が誤りであるだけではなく、《宗教の衝突》もまったく誤りであるのだ。

知の無力化

このような言論がメディアを支配する根源は、情報や経済のメカニズムによって自律的に進展する社会が、その進展自体によって生ずる種々の葛藤に同時に攪乱されるという現実があり、さらにこの現実と、文明や社会を支え、現実を明確に分析してきた近代の知との亀裂が拡大し、もはや知は病理的な現実に対応できず、無力化された点にある。同時に、近代の知がそもそも、その基本的なディスクール（言説）によって無力化を運命づけられていたということもできる。

すなわち、近代の知の基本的ディスクールとは、世界の見方としての主体・客体あるいは精神・身体のデカルト的二元論であり、それをつらぬく《理性の論理》または言語=理性中心主義《ロゴセントリズム》であった。しかし二元論は世界の全体的な見方を疎外し、《理性の論理》は、身体性やその《感性の論理》を抑圧し、非合理化することによって知の全体性を損ない、みずからを抽象化し、蒼ざめさせていく。

この《蒼ざめた知》も、現実や状況が順調な自律的展開をとげているときは、その精密な分析力を発揮し、的確な指針や展望をあたえることができた。なぜなら、近代の社会や文化も近代の知に対応して形成されてきたからであり、両者の同型性が知の有効性を保証してきたからである。

だがひとたび現実や状況が、近代の知に内在する自己矛盾や、それが抑圧してきた非合理性の擾乱や反乱によって複雑化するとき、蒼ざめた知は無力なものとなる。現実は知との同型性を失い、知のまえに未知の他者として立ち現れる。

近年のわれわれの経験でいえば、たとえば第二次世界大戦の荒廃からの戦後の復興は、こうした状況にきわめて適合的なケインズ派経済学の処方箋にしたがっておこなえばよかったのであり、また明治憲法や軍国主義の負の遺産を清算し、近代民主主義にもとづく市民社会の形成のために、近代政治学の主流の描く青写真にしたがって制度改革をすすめればよかった。これら全体を主導した知識人たちは《戦後民主主義者》とよばれたが、一見これに対立するかにみえたマルクス主義経済学者や左翼知識人たちも、近代の知の基本的ディスクールに異議を唱えたのではなく、結果として分配の公正や労働側の権益の拡大を要求したのにすぎなかった。こうして高度成長や輸出立国体制は確立し、戦後民主主義は平和と安定を謳歌するにいたった。

だが、一方において経済成長が限界に達し、過剰な投資や設備が重荷となり、グローバリゼーションという名の激烈な国際的経済戦争がはじまり、既存の経済体制が大きくゆらぎはじめ、他方冷戦が終結し、旧社会主義国家体制が解体し、あるいは旧植民地独立国家を支えてきたナショナリズムが崩壊し、国家という擬似アイデンティティを失ったひとびとが種族や《宗教》あるいは部族という新しい擬似アイデンティティによりどころを求め、他者への差別と殺戮を開始するとともに、現実は未知と混沌の霧につつまれ、既成の知の分析を拒絶しはじめる。

こうして近代経済学は現象の把握に挫折し、近代政治学または近代人間科学全体は、不可解な暴力の連鎖に手をこまねくほかはなくなった。それとともに、諸科学の根底にある近代の知の破産は明らかとなった。

人間の分裂

知の無力化や破産は、けっして観念の世界だけの問題ではない。それは人間そのものを無力化し、人間性を破綻させる。内面的にはアイデンティティ危機の問題としてあらわれ、全体的にはそれは、人間における身体性の喪失の問題として顕在化する。

かつては人間のアイデンティティの問題などは存在せず、多くの言語にはそのような概念すら存在しなかった。なぜなら、人間として自然に成長する過程で、個人や性、家族や共同体、あるいは種族にかかわるアイデンティティは無意識的なものとして身につき、それをまったく意識しないでも、個人存在の統合性は確固として保たれていたからである。

だが近代社会の成立とともに、存在の統合性を保持するためには、それを意識化せざるをえなくなる。なぜなら近代社会は、共同体とその内部の宗教結社といった非近代社会にみられる同一の場《トポス》を解体し、それに代わり地域行政単位や国家、あるいは学校や企業やさまざまな組織体といった多レベルにわたる抽象的で分裂した場《トポス》に人間を投げ込むことになるからである。そのため無意識的で統合的なアイデンティティは失われ、ひとは次々にこれらの分裂した場で、ＩＤカードなどとともにあたえられる擬似アイデンティティに同化せざるをえなくなる。

こうしてアイデンティティが擬似化され、意識化されるとともに、人間はかつて無意識の統合的アイデンティティを担っていた自己の身体性を喪失するにいたる。すなわち、無意識の統合的アイデンティティは身体性の奥深くに《感性の論理》として存在し、この感性の論理こそがすべての行為や行動の規範となっていた。だが擬似アイデンティティを支配する《理性の論理》は、理性のみが人間の行動を合理化するとして、感性の論理やその基盤である身体性を抑圧し、排除しようとする。したがって無意識的なものすべては感性の論理から疎外され、感情や欲望の支配にゆだねられてしまう。いいかえれば、理性の論理と合理性の支配が強まれば強まるほど、身体性の領域は非合理的なものとなり、ついには情念の暴発や自己抑圧による精神的病理にいたるのだ。

これは個人の内部の問題にとどまらず、集団の問題となる。ナショナリズムは個々の擬似アイデンティティの最終的な集合体というべきものであるが、それは一見合理的な近代イデオロギーでありながら、同時に集団の抑圧された非合理的情念を潜在させるある種の媒体となる。戦争など国家的危機に直面するとき、それは一挙に爆発し、狂信的な愛国主義となる。第一次大戦勃発時のヨーロッパ諸国、真珠湾攻撃時のわが国、あるいは冒頭で述べた大規模テロリズムの攻撃を受けたアメリカ合衆国など、その例は枚挙にいとまがない。

また逆に、連邦国家が解体し、それを統合していたナショナリズムが雲散するとき、それらの情念は、いわゆる人種や宗教などといった新しい擬似アイデンティティへとむかい、他者の差別を正当化し、相互殺戮へと暴発するにいたる。旧植民地からの独立国家でも同じであり、ナショナリズムが空中に消え失せるとともに、部族が擬似アイデンティティの根拠と化し、他者の虐殺を合理化する。これが旧ユーゴスラヴィアやルワンダに起こった悲劇のメカニズムなのだ。

身体性喪失の意味

理性の論理によって人間存在が合理化されるにしたがって非合理性が増大するというこの逆説は、

近代文明をその根底からゆるがす要因となる。

たとえばその逆説は、近代社会や文明を構成する基本概念のひとつである《普遍的人間性》や、それにもとづく人権概念にあらわれる。たしかに人間は生物学的にホモ・サピエンス・サピエンスという同一の種であり、その意味で人間性は普遍的である。だが理性の論理によってひとたび人間が合理的存在と規定されるやいなや、普遍的人間性の概念は身体性を失い、架空の観念と化し、むしろ差別の根源となる。

すなわち、個体差・世代差・性差、あるいは人種的特徴といった生物学的・身体的差異から、種族や集団の文化や思考体系の差異にいたるすべての具体的差異、つまりルソーのいう《人間の不平等起源》が無視される結果、たんに西欧近代のモデルにすぎない合理的存在としての《普遍的人間性》に適合しないいっさいのものは、その基準に達しない価値的に劣ったものとみなされる。

身体的影像が投影されるとしても、西欧の家父長的男性中心社会の反映として、モデルは健康で正常な成人男性となり、障害者や高齢者、あるいは女性はそこから疎外され、無意識に差別される。そのうえこうした社会では、教育は理性の論理によって合理的存在としての人間をつくりだすものと考えられ、理性の論理を習得する知能の訓練が中心となるため、たとえ知能で劣るとしても身体性や感性の論理のゆたかな子供たちは、教育の場から疎外され、差別される。また感性の論理のうえに成立する多くの文化は、やがて理性の論理に到達すべき遅れたものとみなされ、そこに生きるひとびとは、理性の論理によって教育すべき未開で蒙昧な人種とみなされる。これが人種差別の根源にほかならない。

このように《普遍的人間性》の概念が現実に多くの差別をつくりだしているが、それを救済すべき《人権》概念は、同様に身体性の裏付けを喪失し、必然的に空洞化せざるをえなくなる。それどころか、旧ソヴェト型または中国型社会主義社会においてはそれは、社会主義計画を推進する《公権》に吸収され、自律性を喪失する。逆に資本主義社会においては人権は、私有制や《幸福追求の権利》にもとづく《私権》とその無限の拡張によって、私権との境界を失い、さらには両者は混同され、法的にも切り離し不可能となる。

さらに消費社会における欲望の肥大化やその無限の追求は、むしろ私権によって他者の人権を容赦なく侵害するという恐るべき矛盾に突入する。いわゆる公害や環境汚染・破壊といった、目にみえる現象の問題だけではない。たとえば幸福追求の権利にもとづく不妊治療や子孫の獲得の名のもとにおこなわれる生殖技術や人間クローン技術の進展は、生物学的に、また社会学的に人類の未来を危うくする確率が高く、私権の追求が公共の道徳律やルールを破壊し、必然的に多数の他者の人権を侵害する典型的な例である。

このようにこの問題はすでに集団のレベルに踏み込んでいるが、それにくわえ、私有制や私権の名のもとにおこなわれる多国籍企業・金融機関の《集団的私権》ともいうべき権利の行使と、利潤の要請にもとづくその無限の拡張は、その影響下におかれる個人の人権だけではなく、これらの巨大な資本や流動性資金の支配化におかれる中小国家の民衆の、《集団的人権》(国連憲章の用語)の侵害まで引き起こすこととなる。

人権と私権との葛藤

人権がほんらい身体性をふくむ全体的概念であるということは、それが個人的・集団的に、身体的生存の権利から、無意識の感性の論理やその表現としての文化と伝統のレベル、さらには意識的な法や政治のレベル、などを通じた自己保存の権利にいたるまでを統括していることを示している。

この観点からすれば、ここでいう最後の意識のレベルとせいぜい生存の権利のみで構成される近代の人権概念が、いかに脆弱なものであるかがわかる。なぜならそれは理性の論理にもとづく観念でしかなく、そこでは生存の権利さえも観念化されているからである。たとえば、一九六〇年代に頂点に達したアメリカ合衆国の黒人市民権運動がぶつかった巨大な壁がそれである。すなわち、法律のレベルでは黒人の市民権回復や権利の平等が獲得され、その意味で彼らの人権が確立したにもかかわらず、実質的かつ無意識の差別はねづよく残っただけではなく、むしろ深化し、複雑化したといえる。一九七一年にシカゴで出会ったある黒人活動家は「市民権運動によってわれわれはリバティ〔あえていえば法律的自由〕は獲得したが、われわれの望んだフリーダム〔自由〕を手にすることはできなかった」と、その失望感や、当時台頭したブラック・パンサー運動やムスリム回帰運動への共感を私に語った。

この場合リバティとは、白人エスタブリッシュメントの期待であった文化的同化または同一化を前提とする法的権利の平等を意味していた。だが他方フリーダムとは、おそらく彼ら独自の感性の論理や文化によって個人的・集団的アイデンティティを深め、そのうえに法的権利の平等の獲得をめざし、最終的に人間の解放にいたるという意味をになっていたといえる。

身体性をふくむ人権概念とは、ここでいうフリーダムに対応するものであり、その意味で文化的動物である人間の生存の権利にほかならない。だが経済的・文化的グローバリゼーションは、すでに述べた巨大な集団的私権の行使によって、人間のこの究極の生存の権利を脅かすだけではなく、実質的に破壊していく。すなわちグローバリゼーションとは、まずなによりも、いわゆる先進諸国内部でそれぞれの経済的覇権を確立した多国籍企業・金融機関が、国内市場の飽和から他国や第三世界での覇権をめざし、各国の規制の壁を取り払い、資本や流動性資金を自由に移動させ、それぞれの国の生産や流通や消費を支配していくことだからである。規制の壁を取り払うことは、いうまでもなく市場を徹底的に投機化することであり、通貨や電力、あるいはさまざまな社会資本としてのインフラストラクチャー（下部構造体）など、ほんらいは投機の対象にしてはならないものにいたるまで、すべてを投機の対象とすることである。このようにカジノ（賭博場）資本主義と化したグローバリゼーションは、その波及の過程で、必然的に地域や文化の独自性のうえに成立してきた地場産業や商店を破滅させ、それぞれの国の固有の文化や思考体系を蹂躙し、それに代わる近代的にしてアメリカ的な画一的文化の洪水にひとびとを溺れさせることになる。

この意味でグローバリゼーションとは、私権による人権の破壊という近代文明の自己矛盾の頂点を示すものといっても過言ではない。

超近代性

知の観点からすると、グローバリゼーションとは超近代化《ハイパー・モダニゼーション》であると定義することができる。つまりそれは、近代性《モダニティ》の極限化である。

近代性とはなにかについてはのちに詳述するが、ここでは、冒頭に述べたデカルト的二元論と理性の論理という近代の知の基本的ディスクールによって成り立つ、近代という時代に固有の性質《プロパティ》であって、すべてのものの合理化を特徴とする、と定義しておこう。

その極限化というのは、近代の知の構造を保持し、それを情報による管理機能に局所化し、あらゆる事物や現象をこの極限化した知ともいうべき情報によって操作し、管理することであるといえる。人間の脳の一部の機能を極大化した超電子計算機《スーパーコンピュータ》や、それを作動させて瞬時に解をみいだす膨大なソフト・ウェアが、超近代性《ハイパーモダニティ》の核となる。

私も電子計算機の有用性や、インターネットによる地球規模の市民的情報網の肯定的役割を否定するつもりは毛頭ないが、情報技術（IT）が国家や社会の意図的な管理と操作に利用されるとき、オーウェルの悪夢の実現という恐るべき事態が到来することを認識しなくてはならない。つまり超近代化は、情報によるすべてのものの超合理化であるといいかえることができるが、ここでも合理性の貫徹は非合理性の増大をもたらすという近代性の宿命があらわれる。

すでにインターネット上には、現代社会の病理を象徴する情報内容が氾濫し、ファイルの破壊や情報内容の盗みを意図するヴィールスの蔓延やハッカーの横行が通信手段内部の非合理性の増大を示しているが、より大きい問題は情報技術を操作する側とされる側双方という通信手段外部にある。すなわち、情報技術を操作する側にとって最大の目的は、いわゆる《情報エントロピー（あいまいさ）》の極小化という合理的行為であるが、悪名高い「エシュロン」（地球規模の情報盗聴・解読施設）に象徴されるように、国際法上の根拠を問う以前に、その行為自体が社会や人間の安定性をそこね、不要な混乱や不安を拡大するという非合理性をもたらす。

また操作される側にとっては、もしいわゆる国民総背番号制などが実施され、すべての管理ファイルの結合が可能になれば、個人情報流出の被害などをはるかに超えて、国民全体の瞬時の管理や操作がおこなわれる事態にいたる。情報による管理の合理化の極限が、人間の物象化や疎外の極限的実現という恐るべき非合理性となる。

それだけではない。知の超近代化は、それ自体で知の非合理化をもたらす。近代の知、とりわけその基底をなす近代諸科学は、その基本的な還元論的思考から、無限の細分化や専門化を特徴としている。近年のいわゆる学際研究の増大にもかかわらず、専門化とその情報化は研究をますますブラックボックス化し、知の共有性を失わせていく。そのうえ先端技術とむすびついたその一部は、社会的有用性の名のもとに、社会的倫理や人類の未来に重大な問題を投げかける研究と実用を推進している。すでに述べた生殖技術や人間クローン技術などであるが、植物や動物の遺伝子操作による品種改良やクローン技術もそれである。たとえばこうして製作された植物が野生化した場合、生態環境にどのような擾乱が起きるか予測不可能であり、実験不可能である。

つまり、遺伝子操作という超近代の知の一部が、それ自体きわめて計画的で実験室的な実験が可能であるにもかかわらず、ひとたび実験室を離れたとき、予測不可能・実験不可能になるということは、超近代の知は、合理化を極限化すればするほど、その外に操作不可能性または計算不可能性を増大させる根本的矛盾をかかえていることを示している。

計算不可能性の増大

情報による超合理化が、計算不可能性の増大という《超非合理性》をもたらす超近代の知の矛盾は、科学の分野のみにとどまらない。

たとえば近代経済学は、合理的選択にもとづいて行動するホモ・エコノミクス（経済的人間）を立論の出発点とし、見えざる神の手としての市場の合理性を前提としてきた。だが、グローバリゼーションが各国の規制を緩和し、すべてのものを投機の対象とすることを可能にした結果、利潤追求を唯一のルールとする多国籍巨大企業・金融機関が、そのときどきの微細な変動を追って投入する巨額の流動性資金が、逆に市場を攪乱し、予測不可能な変動や危機をもたらすことになる。

経済の投機化はその影響下にある諸個人に災厄となってふりかかるだけではなく、電力卸売市場の投機化によって電力危機を引き起こしたカリフォルニア州のように、社会全体を災害に巻きこむ。あるいはもっと身近な話題でもよい。食品市場のグローバル化は、季節を問わずより安く多様な食料をえるため、農場・牧場・漁場の世界化や大規模化をうながしているが、その結果残留農薬や輸送や保存のための食品添加物だけではなく、多種類の細菌・ヴィールス汚染を拡大させ、毎年多くの死者や罹病者をだしている。ある報告によれば（Ackerman 2002）、合衆国では市販の鶏肉のうち一〇パーセントはサルモネラ菌に、七〇から八〇パーセントはカンピロバクテリアに汚染されているという。またその報告は、他の肉類の細菌汚染はもとより、野菜や果物のO１５７菌などの汚染も広範囲にひろがっていると指摘している。

問題はこうした災厄が少数の賭博家の手でもたらされるのではなく、まさにグローバリゼーションの経済メカニズムに内在していることである。

経済に限らずすべてのものの超合理化が逆に非合理性の領域を拡大させ、予測不可能性や計算不可能性、したがって制御不可能性を増大させるこのメカニズムは、すでに指摘したように近代の知のディスクールに内在していたものである。だが、かつて近代の知が事象や現象の分析に威力を示し、それらの予測や計算を可能にしていたのは、社会や経済が近代の知と同義語的に編制され、その限界を大きく超えることはなかったからである。

このことは、ニュートン以来の古典力学が、相対性理論や量子力学の発見によってその基本的ディスクールを覆されるまで、世界の合理的認識と分析にきわめて適合的あったことに似ている。微視的世界の発見と同様に、合理性の抑圧のもとに増殖した欲望や情念、あるいはアイデンティティ危機が人間の内部に非合理性を育て、また情報による超合理性の支配が、社会や集団の内部に計算不可能性・制御不可能性の領域を拡大するこの状況の発見は、近代の知の基本的ディスクールを覆し、それを無力化する。

これがグローバリゼーションの世界の現実なのだ。

脱近代の知

こうした状況は変革できるのだろうか。それは近代の知の変革が可能かどうかにかかっている。すなわち後に述べるように、近代の知のディスクールが歴史的に形成され、それにしたがって文明と社会の基底をなす近代性が確立し、すべての体制が徐々にそのように整備されていったように、文明や社会の変革には、知の変革が先立たなくてはならないからである。

まずそれは、主体・客体または精神・身体というデカルト的二元論と、それをつらぬく《理性の論理》または言語=理性中心主義《ロゴセントリズム》を超えることである。これは抽象的な哲学の問題ではない。世界や現実をみる見方の変革なのだ。

すでに人権と私権の衝突でみたように、自己主張や自己決定権の乱用は他者の人権を侵害するが、それはひとつには自己が近代的自己意識という主観性の透明なガラス箱に囚われていることを認識できないからであり、他方こうした認識のなかでは、無意識の構造的制御が失われ、欲望や情念が直接に意識的行為に入りこむのを妨げることができないからである。

その結果、近代に固有の観念形態であるイデオロギーは、集団的な情念と化してしまう。なぜなら、非近代社会や文明であれば、神話や儀礼にもとづく無意識のものであれ、法や教義にもとづく意識的なものであれ、観念形態は感性や身体性の裏づけをもち、したがってそれが倫理や道徳の源泉たりえたのだが、近代では逆に、イデオロギーは感性や身体性から切り離された意識的観念であるとされるがために、無意識の制御を失った情念がそこに奔騰することになる。すでに述べたナショナリズムや愛国主義、あるいはかつての「インターナショナリズム」などの狂信的な奔流がその典型である。いまや「グローバリゼーション」がそのようなイデオロギーとなりつつあるといっても過言ではない。

では、そのようなものではない世界の見方または認識とはなんであるか、いいかえれば脱近代性とはなにかが、近代性の解明とあいまって本書のもうひとつの主題となる。その結論を先取りすれば、次のようにいえるだろう。

すなわち、まず主観性と客観性の境界の消滅、いいかえれば自己とモノすべてを含む他者との絆の回復である。たとえばイスラーム世界では、その絆こそが神（アッラーフ）の概念にほかならないが、神でないとしてもそれは、われわれや万物を存在させているなにものかであり、その共有の絆のもとでは、自己は他者の鏡である。つまりジャーク・ラカン風にいえば、主体は他者のディスクールにほかならず、主体の消滅こそが自己の存在の確証となるのだ。

もしこのようにして主観性の透明なガラス箱を打ち破ることができれば、そこには認識の新しい地平がひろがる。

そこでは他者やモノは、主観性のガラス箱に映じた影像ではなく、自己の感性や身体性と同じ絆で結ばれたひとつの世界であり、その絆を通じて対話を可能にする。自己の感性や身体性をふくむ認識、つまり意識や観念のレベルでのみ追求される近代の認識とは異なるこの全体的認識のみが、無意識の構造的制御を受け、真の理性的認識にいたる。そこに作用するものを、われわれは弁証法的理性と名づけることができる。西欧の十六・七世紀の血なまぐさい宗教戦争の歴史が明らかにしたように、意識や観念のレベルでのみ争われた「理性（ロゴス）」の戦い、いいかえれば宗派によって異なる理性認識の戦いは、結局「理性」をイデオロギーに還元し、情念の非合理的な闘争と化してしまった。

近代理性または西欧理性《ウェスタン・リーズン》とよばれるものは、こうした歴史への反省から、いわば「神のことば（ロゴス）」から切り離された人間の理性にほかならない。だがそれがあくまで意識と観念のレベルにとどまるかぎり、西欧的価値体系と不可分であり、その限界を超えることはできない。それどころか、それが個々の主観性のガラス箱に閉じ込められているがゆえに、それは容易に主観性の対立に移しかえられ、ふたたびイデオロギーと化してしまう。

主観性の消滅のうえに成立する弁証法的理性は、それらの《理性》を超え、脱近代の知の根幹となる。そのうえに脱近代の基本的ディスクール、つまり脱近代性は成立し、社会をそのような認識のもとに整序し、変革していくにちがいない。いま問われているのは、近代文明のこうした深いレベルからの変革である。

第一章　蒼ざめた知

近代性とはなにか

近代文明は、そしてその基本的ディスクールである知は、どこで道をまちがえたのであろうか。

人類の知の王道とはなにかを問うこと自体、ひとつの大きな問題であるが、少なくとも多くの社会や非近代文明では、知は、宇宙や自然を分類学にもとづく科学的体系として認識し、しかも同時にそれを超えて万物を神話的思考の体系のなかに位置づけ、世界に意味をあたえてきた。人間はそのなかで認識の主体であるのではなく、付与された意味をになう世界を構成する諸記号のひとつであり、自然同様に象徴をになう存在であった。

たしかにいくつかの文明は、ときには葛藤や暴力によって滅び、ときには森林資源の収奪など環境破壊によって滅亡した。だがそれは、知の王道からの逸脱というよりも、それを十分に行使しなかったがための逸脱であって、こうしたできごとはつねに反省すべき教訓として伝承されてきた。

だが近代文明は、その知の王道そのものから逸脱し、まったく新しい知の体系を築き、それによって独自の社会や世界をつくりあげてきた。古代文明や非近代文明が多様であり、ひと口に《古代性》や《中世性》などということば(そのようなことばさえないが)でくくることはできないのに対して、近代文明は、さまざまな地域や文化にわたるにもかかわらず、《近代性《モダニティ》》と名づけられるある種の体系的性質を共有してきた。

序章で述べたように、近代の知の基本的ディスクールは、主体・客体のデカルト的二元論と、それをつらぬく近代理性または西欧理性の論理であり、近代性とは、そのディスクールのうえに成り立つ抽象的体系であった。抽象的であるがゆえに、それはそのかぎりでの普遍性を示し、支配的な力をふるうこととなった。

つまり古代文明や非近代文明を構成していた体系は、それぞれに固有のものであって、相互に影響はあっても、その枠組自体が他と統合されることはなかった。たとえば、中国文明は東アジア全体に大きな影響をおよぼし、インド文明は東南アジアにまで深く浸透した。たしかに一方では儒教や道教あるいは仏教、また他方ではヒンドゥー教やテラワーダ仏教あるいは後のイスラームなどの世界宗教が、それぞれの地域や文化の思考体系に巨大な影響をもたらし、文物制度から風俗習慣にいたるまでが具体的なかたちで伝播したが、それぞれの文化とその《感性の論理》ともいうべき身体性の領域まで侵すことはなく、ましてそれらを解体することなどはまったくなかった。

なぜなら、それら古代または非近代文明は、それ自体が感性や身体性をふくむ人間の全体的論理から成り立っていたのであり、したがって異文化という他者の論理を踏みにじることはありえなかったからである。

マックス・ウェーバーは、こうした非近代諸文明をもそれぞれに固有の合理性がつらぬいていたとして、それを固有の価値体系に応じた《価値合理性》であるとし、近代文明を貫徹する《形式合理性》と鋭く対比した。形式合理性とは、その基底にある価値や実体とは関係なく、形式のレベルでの合理性のみを追求する抽象性の体系である。私流にいえば、感性や身体性をふくむ前者の論理に対して、後者はいわゆる理性と観念のレベルでの合理性を追求する論理といえる。感性や身体性をみずから疎外しているがゆえに、それは他者の感性や身体性の領域を疎外し、ときには解体するにいたる。

近代性の起源

このような抽象的体系としての近代性は、どこから出現したのであろうか。そしてそれが一文明や社会として具体化したのは、いつの時代であるのか。

ウェーバーはその起源を、十六世紀西欧の「宗教改革」に求めている。プロテスタンティズム、とりわけカルヴァン派などの禁欲的プロテスタンティズムが、個々人の死後の運命はあらかじめ決定されていて、そのことに思いわずらうことはない（予定説）、現世において神のことば＝理性（ロゴス）と意志をつらぬく禁欲的生活が要求されているとして、神のものである利潤を私的に消費することなく、資本として蓄積していった結果、近代資本主義が生まれたというものである。

近代資本主義だけではなく、ここに近代の基本的ディスクールのひとつである理性の論理または言語＝理性中心主義《ロゴセントリズム》の起源を求めることもできるが、後者はさらに古く、中世末期に遡ることができる。そのことは、近代性の起源の問題に照明をあてるだけではなく、逆に西欧においても中世あるいはそれ以後にまで、他の諸文明と共通する思考体系が支配していたことを物語っている。

すなわち、中世の末期、西欧はイスラーム文明の圧倒的な影響下にあった。よく知られているように、ゴシックの諸聖堂は、イスラーム寺院や宮殿の建築術なしには建立されなかったし、アラビア数字とともに数学とりわけ代数学（アル・ジェーブラ）がもたらされ、多くの弦楽器とともに器楽様式が導入され、サラセン宮廷の吟遊詩人たちの風俗はそのまま中世吟遊詩人や歌合戦となって各地の宮廷に花咲くこととなった。知の領域では、イスラーム哲学、とりわけアヴィケンナ（イブン・シーナー）からアヴェロエス（イブン・ラシード）にいたる哲学者たちの影響下に、キリスト教神学そのものが大きな変革にみまわれはじめていた。

中世を数百年にわたって支配してきたのは、キリスト教の新プラトン主義的解釈であり、その代表者である聖アウグスティヌスの神学であり、哲学であった。現世はイデアの国のまぼろしにすぎないとするプラトン哲学を受けて、アウグスティヌス主義は世界を「神または天の国《キウィタス》」と「地上の国《キウィタス》」とに分割し、この罪と穢れに満ちた地上の国に生きるものであっても、敬虔なキリスト教徒として生涯をおくるものは、最後の審判の日に「神の国」への再生を許され、永遠の生を保証されるとした。

そもそもプラトン主義的な考え方は、古代や非近代の社会ではかなり一般的である。現世を肯定的とみるか、否定的とみるかで分かれるとしても、死後そこに再生すべき世界があること、さらにそこは神々や祖先の霊の世界であるがゆえに、魂が直接それらと交流する真実の世界であるという世界観は、各地域や各時代に普遍的に存在していた。ただアウグスティヌス主義は、そこにユダヤ＝キリスト教に固有の終末論的な時間の観念をもちこんだにすぎない。

中世末期の知の変革

中世のイスラーム哲学は、『アル・クルアーン（コーラン）』の学である神学から独立していたとはいえ、ユダヤ＝キリスト教の兄弟宗教であるイスラーム世界観の枠組を大きくはみだすものではなかった。たしかにそれはアリストテレス哲学、つまり現世を支配する秩序としての《形相《エイドス》》を認識し、現世の実在性をみとめる哲学に強く傾斜していたが、基本的にはイスラーム以前のペルシア思想などを継承するプラトン的二元論を踏まえ、いわば新プラトン主義的アリストテレス主義ともいうべき思想を展開していた（Leff 1958 参照）。

だが、現世を徹底的に否定し、ひたすら来世のための禁欲的生活を強制し、荒野や険しい山岳に建てられた修道院の、きびしい修行生活を理想としたアウグスティヌス主義の伝統のなかでは、たとえ部分的なものであろうとも、現世の実在性を認めるイスラーム哲学は、きわめて新鮮なものに映じたにちがいない。イスラーム化されたアリストテレス哲学の研究は、時代の最先端を行くものとなった。アルベルトゥス・マグヌスなどの先駆的業績をへて、それを大成したのはいうまでもなく聖トーマス・アクイヌスであった。ローマ教会をアウグスティヌス主義から決定的にアリストテレス主義へと転換させた原動力となった彼の業績を、ここで詳述する余裕もないし、また私もその任ではないが、中世の知の変革という一点からそれを考えてみよう。

もちろん彼も、キリスト教の原点ともいうべき現世と来世の新プラトン主義的二元論を放棄したわけではない。だが彼は現世をアリストテレス的に解釈することによって、そこに神の秩序ともいうべき形相《エイドス》をみいだし、現世の徹底的否定を転回し、それとともに、神の秩序を認識する《理性》と、神や来世への《信仰》とを明確に分離した。つまり西欧の知の歴史上、ここではじめて《理性の論理》と《感性の論理》とが二元論的に分割されたといえる。

はじめアリストテレス主義を禁止し、のちにそれを正統な神学として受けいれただけではなく、アクイヌスを聖人に列した教会は、しかしそれによって全面的にアリストテレス主義へ転換したわけではなかった。すでに十三世紀の初頭にあらわれたアシジのフランチェスコは、むしろ《信仰》または《感性の論理》の一元論ともいうべき立場から、アウグスティヌス主義の理想である禁欲と修行の生活を実践し、同時代に巨大な影響をあたえていた。教皇インノケンティウス三世の英断によって公認されたフランチェスコ教団は、全面的にアリストテレス主義にかかわったドミニコ教団と決定的に対立し、アウグスティヌス主義の牙城となるにいたった。

ロジャー・ベイコンやドゥンス・スコトゥスといったフランチェスコ教団の先駆者たちにつづいて、そのもっとも尖鋭な理論家となったのが、いうまでもなく十四世紀のオッカムのウィリアムズであった。トーマス主義者たちとオッカムとの戦いは、たんに神学上の論争やいわゆる思想史上の葛藤などではなく、背景となった教会と神聖ローマ帝国皇帝との、教会権と王権との熾烈な覇権の争いを加え、知的にも政治的にも中世世界を二分する戦いとなったのである。

オッカムの剃刀

アシジのフランチェスコそのひとは、聖トーマスともオッカムのウィリアムズとも異なった思想家であったということができるだろう。彼は自己の身体性をふくめ、自然そのものに神を直観する感性のひとであり、ほとんどイスラーム神秘主義者（スーフィスト）といってもよいひとであった。事実、同時代のペルシアの詩人で、デルヴィーシュ（旋回舞踏僧）教団の創設者であるスーフィー（スーフィズム修行者）のジェラルッディーン・ルーミーとの思想的類似性は、両者の『太陽賛歌』の比較などで古くから知られている。

だがこの感性の論理によって人間の全体性や、その自然や宇宙とのかかわりを直観していた師と異なり、オッカムはあらゆる点で知の剃刀を振るい、ほとんど近代的といってよい認識論を確立することとなった。

すなわち彼は、理性と信仰とを調和させようとした先駆者たちと異なり、聖トーマス以上に理性と信仰とを分離し、前者を認識と科学のための尖鋭な道具とした。この理性の認識によれば、トーマス主義者の主張するように《人間》あるいは《教会》などといった普遍的事物が存在するわけではない、存在するのは個々の人間あるいは個々の事物であって、普遍的にみえるものは、名詞あるいは名目にすぎない、しかも個々の事物を認識するのはわれわれの経験からであって、認識はけっして先験的なものではない、あまつさえわれわれが認識するのは事物の実体ではなく、その概念にすぎない、など、理性の剃刀は過去の神学や形而上学にまつわっていたすべてのあいまいさを一掃してしまった。

信仰という感性の論理と、認識という理性の論理を分離した聖トーマスが、自己の内なる理性の論理の徹底的追求として主観性を発見したデカルトの二元論を準備したとすれば、オッカムは、理性の論理を経験論と結合することによって、近代科学とりわけ自然科学の確立への道を用意したといえる。またオッカムは、精神共同体としての教会の普遍性を名目的なものとして排除し、信仰を個人の問題に還元し、宗教改革と近代個人主義への道をも切り拓いたといえる。

このように、聖トーマスとオッカムという鋭く対立する両者が、同時に近代の知の開拓者である点に、近代の知の複雑な歴史がすでにかいまみえるが、他方、アシジのフランチェスコに代表される知の潮流も、近年のヒッピー運動やエコロジー運動にいたるまで、西欧の思想や芸術の奥深くに流れつづけていたことも事実である。十三世紀には、フランチェスコ教団は、新しい民衆的な演劇や音楽の創始者であったが、人間の存在を感性や身体性にもとづく全体的なものととらえる、むしろ世界的に普遍的なこの潮流は、文学や芸術の分野を中心に生き残ることとなった。孤独な哲学者スピノーザや同じく孤独な思想家というよりも夢想家というべきルソー、あるいはゲーテやベートーヴェン、ソロー、エマースン、ホイットマン、十九世紀の多くのロマン主義者たち、あるいは二十世紀のヘッセやロマン・ロランなどの名をあげれば十分であろう。

近代の知への道

しかし、聖トーマスやオッカムの開拓した知が近代の知として登場するまでには、混乱と葛藤に満ちた長い年月が必要であった。教会権と王権の対立、そしてそれぞれの側が抱えていた腐敗や無秩序や混沌に苦悩しながら、十五世紀の思想家ニコラウス・クザーヌスは、もう一度キリスト教世界における知の統合性をとりもどそうと努力した。

基本的にはアウグスティヌス主義の立場にたちながら、彼は、トーマス主義以後の分析的な《理性《ラツィオ》》を優先するスコラ学を批判し、信仰や、ここでいう感性の論理をも包含する《知性《インテレクトゥス》》の概念を定立し、世界を全体的に解釈しようとした（八巻 二〇〇一年参照）。近代西欧語の概念規定とは相反するようにみえるが、この用語法は、神の秩序としての形相を分析する唯一の知の道具としての中世理性が、しだいに主観性としての姿をとりはじめた、いいかえれば近代理性への道を歩みはじめたことへの、ある種の警告とうけとれないことはない。

すなわち彼にとって、神や宇宙の本質は聖フランチェスコ同様に直視《ヴィジオ》や直観によってしか把握できないが、知性はこうした認識できないものを認識できない仕方で認識しようとする過程を示す語といってよい。このことはひとつの根本的な矛盾であるが、その矛盾はある種の神秘的な弁証法によって乗りこえ可能となる。神秘的な弁証法とは、かつてキリスト教的古代にディオニシウス・アレオパギータ（偽ディオニシウス）が説いたように、神を模倣し、神との合一をひたすら求めることによってえられる力、つまり《至高の無知》（アレオパギータ）または《覚知的無知》（クザーヌス）のもつ力である。だがクザーヌスの努力にもかかわらず、主観性やその理性の論理という近代の知への道は、着実にひろがり、踏みかためられていった。合理論の立場からだけではなく、経験論の立場からも、近代の知とその社会的枠組は姿をあらわしはじめる。

クザーヌス自身が教会権と王権との分裂のはざまで苦悩していたが、十四世紀のアヴィニョン幽閉から大分裂にいたる教皇庁の混乱は、教会の権威を徹底的に失墜させただけではなく、オッカムが理論的裏付けをあたえていた王権というよりも《国家》に、決定的な存在権を付与することとなった。近代の国民国家に変貌し、近代イデオロギーとしてのナショナリズムが登場するはるか以前においても、国家は近代の知をになうものであった。なぜなら、理性と信仰を峻別し、理性の領域をこの経験的な現世すべてに拡大したオッカムは、その根拠を古代ギリシアやローマに求めるダンテ・アリギエリやパドゥアのマルシリウス同様に、現世の理性的統治を可能にするのは世俗国家のみとしたからである（Leff p.302f）。

国家は社会の合理的根拠となり、個々人の経験の集積のうえに築かれる理性の集合体となる。民主主義的手続きをへて諸個人の理性が国家理性となり、諸個人の行為に合理的な枠組をあたえるという、近代国家と近代政治の理念が、すでにここに胚胎する。

神の人間化と人間の神格化

近代の知への道には、もうひとつの大きな転換が用意されていた。すでに他の場所で指摘したが（北沢 一九九八年参照）、ルネッサンスの全期間に展開した《神の人間化》およびその裏返しとしての《人間の神格化》である。

一方においては聖トーマス、他方においてはオッカムという決定的に対立する二人がともに切りひらいた信仰と理性の二元論により、この時代、現世や理性の領域に、古典的古代をモデルとし、キリスト教的な信仰の領域さえ否定する人間主義《ヒューマニズム》が台頭することとなった。神に代わり世界の中心に人間をおくこの考え方が、近代に固有の人間中心主義《アントロポセントリズム》と化していくことはいうまでもないが、信仰と理性の二元論確立の結果、キリスト教の内部でさえも神の人間化や人間の神格化がはじまったことに注目しなくてはならない。

イスラームと異なり、同じ超越神をいただきながら、神の受肉者イエス・キリストという人格神をもつキリスト教は、それ自体に神の人間化の要因を内在させていたが、トーマス的実在論は、神の現世の姿としての《人間》に中世とは異なる照明をあてることとなった。この意味での神の人間化は、類似性を通じての人間の神格化に当然つらなっていく。アウグスティヌス的な信仰の深化をめざしたクザーヌスでさえも、人間を神の現れとし、神の縮小的な似姿としてのミクロコスモスとした（八巻二九〇頁)。こうしたルネッサンスの風潮に、宗教改革の巨大な衝撃が走りぬける。

宗教改革はいうまでもなく、ローマ教会の腐敗を糾弾し、その現世傾斜やそれをまねいたアリストテレス主義を批判するとともに、中世の禁欲的で厳格なアウグスティヌス的信仰への回帰をめざす運動であった。したがってそれは、ルネッサンスの神の人間化や人間の神格化に、正面から対立する潮流となるはずであった。だが皮肉なことにそれは、オッカムの切りひらいた道を歩むことによって、近代の人間中心主義をいっそう尖鋭なかたちで展開することとなった。

すでに述べたように、ウェーバーはカルヴァン主義にはじまる禁欲的プロテスタント諸派の経済倫理が、近代資本主義の《精神》、つまり基本的体系をつくりあげたと論じたが、同じ倫理的論理が、人間中心主義とその理性の論理をつくりあげていく。すなわちそれは、信仰を教会という共同体から解き放ち、純粋に個人の問題とするとともに、信仰を個人と聖書、いいかえれば神のことば(ロゴス)との対話に求めることによって、主観性とそれを保証する理性(ロゴス)という認識の新しい地平を開示するにいたった。

そのうえ死後の魂が救済されるかどうかは、あらかじめ決定されていて、そのことを思い悩む必要はないというカルヴァンの予定説は、フランチェスコ教団の第三修道会以来の、世俗に身を置きながら修道的生活をする《在世禁欲》の制度とあいまって、ひとびとの関心を決定的に現世にむけることとなった。オッカムのきりひらいた近代個人主義や現世的な経験論、あるいは経験を律する理性またはロゴスの刃は、宗教改革の大運動と結合することによって、トーマス主義やルネッサンス人間主義とはまったく逆の立場から、言語＝理性中心主義《ロゴセントリズム》と人間中心主義という近代の知のディスクールを確立するにいたる。

感性の論理と芸術

歴史的には、宗教改革以後「近代」がはじまるとされている。しかし、近代の知のディスクールが確固とした姿をあらわすまで、まだ混沌の時代がつづくこととなる。それはカトリックとプロテスタント、あるいはプロテスタント諸派相互の血塗られた宗教戦争の時代であるが、同時にバロックの諸芸術が、教会や宮廷あるいは市民都市の組合会館などを背景に、全ヨーロッパ的に空前の規模で花咲いた時代でもある。

一方でルネッサンス人間主義がイタリアを中心に、建築・絵画・彫刻あるいはフロットーラ（世俗合唱曲）やオペラ、教会器楽曲など、新しい芸術様式を開花させたことは事実であるが、他方では、ヨーロッパ中にひろがったフランチェスコ教団やその托鉢僧たちの民衆様式の演劇や音楽が、中世のスコラ学的ともいえる難解な宗教音楽に代わって時代を風靡しただけではなく、民衆的様式を教会や宮廷あるいは市民都市に導入し、しだいにバロック様式とよばれるような洗練された芸術を生みだしていった。

この混沌とした動乱の時代に、なぜこのような絢爛とした芸術が登場することとなったのか、その答えのなかに、近代の知がなぜ感性の論理や身体性を失い、《蒼ざめた知》となっていったのか、その秘密を解く鍵がある。

序章で強調したように、知というものは本来感性や身体性をふくむものであり、芸術もそうした統合的な知のひとつの表現であった。芸術が儀礼や祭祀と不可分であり、そこから自律的展開をとげたことは、多くの歴史が示している。西欧も例外ではなかった。ロマネスクやゴシックの中世諸芸術が、アウグスティヌス的な「神の国」の至福や、その対称としての地獄の苦難などを、象徴的に表現していることはよく知られている。

だが、たとえばバロック絵画の写実主義は、宗教画においてさえも、聖母やキリストなどのきわめて人間的で官能的な描像を通じ、歓喜や苦悩といった人間世界の感情をあらわしているのであって、中世芸術のように宗教的観念や思想の象徴的表現ではまったくない。

音楽においても同様である。ロマネスクの聖堂や修道院に鳴りひびいたグレゴリオ聖歌は、現世の人間が到達することのできない「神の国」の歓喜や至福、あるいは死者を待ちうける「最後の審判」の日の恐ろしい天使の喇叭や神の怒りを歌っているのであって、人間の感情の表現ではなかった。だがヘンデルのオラトリオやバッハのカンタータで歌われるのは、神の栄光をたたえて歓び、あるいはキリストの受難に涙する人間の感情にほかならない。

つまりバロックの諸芸術を推進した人間の感情の爆発ともいうべきものは、ある表層ではルネッサンス人間主義の継承ではあったが、より深いレベルでは、むしろ神の人間化と人間の神格化という宗教そのものの変動、そしてすでにみたように、カトリック、プロテスタントを問わず生じた価値と関心の現世化が生みだしたものなのだ。

しかし、こうした芸術における人間的感情の爆発は、感性の論理や身体性の表現をすべて芸術の領域にゆだねることで、逆に正統的な知の領域からそれらを排除する結果をもたらす。それが近代に固有の知の分裂であり、合理性と非合理性との知の相克の問題である。

理性と感性の分裂

バロックの諸芸術にはまだ宗教芸術が大きな部分を占めていただけではなく、世俗的作品にも、ある種の宗教的感情がみなぎっていた。とりわけ禁欲的プロテスタンティズムの支配した地域では、伝統的な典礼や儀式が廃止され、したがってそれに対応する芸術が存在しなかったがため、むしろ世俗作品にプロテスタント固有の厳粛な宗教感情が表現されていた。レンブラントの世俗的絵画やバッハの宮廷器楽曲を思い起こせばよい。

しかしそれは同時に、知の分裂の徴候でもあった。なぜなら、聖トーマスやオッカム以来の信仰と理性の分裂は、すべての関心の現世化をうけて、そのまま現世における信仰（感性）と理性の分裂となっていったことを物語っているからである。つまり、芸術は信仰をふくめて現世における感性の領域を担い、神のことば（ロゴス）に由来する言語は、信仰の源泉の探求をふくめ、理性の領域を担うという知の分裂が生じたのだ。

こうして感性は知から疎外され、知の統合性を失った理性＝言語の独占的な支配権が確立する。言語、とりわけ《書かれたもの《エクリテュール》》は、排他的に知の表象となる。

ここに、西欧の近代においてのみ、《書かれたもの》の合理的分析としての「思想史」が有効であることの意味がある。知が分裂したがゆえに、感性や身体性の表現を疎外した「思想」の分析が、それ自体で成り立つのだ。それはまた、近代科学成立のメカニズムでもある。

たとえば近代自然科学は、よく知られているように、《ナチュラル・ヒストリー（自然史）》から出発している。誤って未開とよばれている多くの社会にあっても、動植物や鉱物の分類、とりわけ薬草などの有用生物の分類は精緻をきわめている。それはいうまでもなく、彼ら固有の自然科学的思考である。だが近代のナチュラル・ヒストリーは、分類学であるだけではなく、分類を記述することによってそれの合理的根拠を探求し、こうして《書かれたもの》への批判を集積することによって、その合理性をたかめていく。

そのうえ、いわゆる未開社会においては、科学的思考による分類学のうえに、神話的思考による自然や宇宙の論理的な解釈学が展開され、両者あいまって固有の宇宙論を形成しているが、近代の科学的思考は、後者を非論理的・非合理的なものとして徹底的に排除してしまう。神話的思考とは、レヴィ＝ストロースが《具体的なものの科学》と名づけたように、超合理的と名づけうるものであるが、事物をふくむ身体性の領域で展開する記号の論理であるため、言語＝理性の範疇を逸脱する《非合理性》

と認識されたのだ。

いわゆる未開や古代社会では、科学的思考と神話的思考は、重ね合わせの状態ではあるが異なった体系とされていた。たとえば天文学は暦の決定のため重要であり、メディスンマンなどの専門家が精緻な観測をおこなっていた。だが天体の運行の自然科学的観察と、その神話的解釈は重ね合わされながら別のものとされていた。中近東の文明では、こうして天文学《アストロノミー》は占星術《アストロロジー》と平行して存在することとなった。

だが奇妙なことに西欧では、中世末期以来、諸大学の学科目としての天文学は、神学的宇宙論として、むしろキリスト教的神話的思考の支配下におかれてきた。おそらくそれはトーマス主義的実在論によって、天文学的秩序は神の形相のあらわれとされたからであろう。したがって天文学における言語=理性中心主義《ロゴセントリズム》への移行は、神学的宇宙論の全面的否定、すなわちガリレオ・ガリレイやコペルニクスの合理主義的《革命》となり、他方排除された神話的思考は非合理的断片となり、民衆はそのようなジプシー占星術に救いを求めることとなる。

言語=理性中心主義の確立

科学における合理性と非合理性の分裂が、人間科学をも巻きこむのは当然であった。それはデカルトの認識論からはじまる。

すべてのものは疑うことができるが、いま疑いつつ考えている自己がここにあるということは疑いない、という《われ思う、ゆえに、われ在り（コギト・エルゴ・スム）》は、いわば認識論的地動説であった。世界のすべては、たとえ神の存在といえども、主観性の透明なガラス箱を通じてしか認識できない、という発見は、神の存在を中心とする伝統的な世界像をくつがえす《革命》となった。

世界のすべては主観性のガラス箱に映じ、またそれらは言語＝理性によって記述可能である、あるいは計算可能である、とする徹底した合理主義がここに確立する。そこでは宇宙や物質も幾何学的秩序として映じ、神そのものさえ幾何学的秩序として表現可能である。ガラス箱の外では、事物は時計仕掛けのように整然と自律的に動く。

主観性の内部からのこの機械論的世界観に対して、ニュートンは経験論の立場から、いわば客観性の内部の法則を探り、まったく別のかたちではあるが、機械論的世界の描像を提示し、近代自然科学の基礎を築く。ここに主観主義と客観主義との分裂、あるいはいわゆる合理論と経験論との認識論的分裂が、近代の知の根底にひそむ亀裂と矛盾をあらわにする。

もちろん、合理論・経験論のいずれであれ、こうした言語＝理性中心主義《ロゴセントリズム》的な認識論や、それがもたらす機械論的世界像に対する反対や異議申立ては根強く存在しつづけた。たとえば《デカルトの時計仕掛けの神》に反撥したパスカル、あるいはデカルトの幾何学的な認識論的方法論に大きな影響をうけながら、その結論に真っ向から挑戦したスピノーザなどである。

自身も数学者であり、自然科学者であったパスカルは、トーマス的意味での理性の分野を探求する

《幾何学の精神》と、信仰の分野を支配する《繊細の精神》を認識の二元論的基礎とし、最終的には後者にもとづく信仰のひととなった。その点で彼は、デカルトが『情念論』でこころみながら挫折した、感性の論理の解明と復権を主張した最初のロマン主義者といえよう。

それに対してスピノーザは、デカルトの《われ思う、ゆえに、われ在り》、つまり主観性のガラス箱を粉砕し、その命題を完全に転倒させようとした。彼の命題は、逆に《われ在り、ゆえに、われ思う》であるといってもよい。

異端としての反合理主義

自己意識から出発したデカルトに対して、スピノーザはライプニッツに、《私は神から出発する》と語ったという（スピノーザ　一九五一年、解説二三頁）。彼にとって神は《実体《サブスタンス》》そのものであり、宇宙に遍在する。自己もその実体の微小な部分にすぎず、われ思うという観念も、世界の唯一の実在である実体の光り輝く海に、いわば溺れることではじめてえられる。神そのものである実体の大洋が、宇宙を、そして大自然をつくりだす。その意味で、まず実体のなかにわれが在り、したがって《われ在り、ゆえに、われ思う》なのだ。

そのうえ、この実体の一部である自己の身体や感性をふくめ、世界の個物を認識することが神の認識にいたるのであり、万物の本質を知識によってではなく直観によって認識することで、至高の歓喜としての神の認識がえられるとする。

インド哲学、とりわけアドヴァイータ（絶対不二一元論）哲学、さらにはラーマクリシュナの三昧（恍惚・サマーディ）かとみまがうこの哲学は、彼の生前、政治的・社会的に無神論や唯物論として糾弾され、迫害をうけ、また後世、汎神論という誤解に取り囲まれた。幾何学的に厳密な論証をこころみたその方法論から、合理論者としての見かけがあるにもかかわらず、その本質はまったく異なっている。人間にとって理性が先験的なものか経験的なものかの認識のちがいがあるにせよ、近代理性を信ずる点で合理論・経験論全体を近代合理主義と名づけることができるが、スピノーザは両者を超えた認識論を提示している。この意味で彼を、反近代合理主義の祖とよぶことができるだろう。

その後の近代合理主義の圧倒的な潮流のなかで、この孤独な思索者の哲学は忘れ去られたが、それは西欧思想に内在する深い異端の哲学として、とりわけ十九世紀から復活をとげ、哲学者たちに限らず大きな影響をあたえた。スピノーザの他の側面ではなく、この実体の目くるめく大海に沐浴したひとびとのうち、ゲーテやロマン・ロランといった偉大な名をあげるだけで、そのことは明らかである。

直接彼の影響をうけなかったとしても、インド哲学への傾倒から独自のロマン主義哲学を開拓したショーペンハウアー、さらにニーチェからベルクソンにいたる思想の流れを振りかえると、この異端の系列はさらにゆたかになる。むしろスピノーザの影響をうけたとされるヘーゲルやマルクスは、唯心論と唯物論のちがいはあれ、結局は近代合理主義の極点に立ったひとびとであり、スピノーザのもっとも深い本質からは遠いといわなくてはならない。

近代合理主義は、啓蒙思想にいたってひとつの明確なディスクールとなるが、われわれは「思想史」をこれ以上追求するのはやめよう。それはわれわれの目的ではないし、ここまでの思想史的な記述は、そのディスクールが確立するまで、あるいは確立して以後も、そこに西欧独特の《正統》と《異端》とのきびしい歴史的戦いがあったことを示すためである。

主観性と客観性

デカルト的見地にたてば、すべての事物は主観性の透明なガラス箱に映ずる映像ということになる。事実、のちにカントは、《モノ自体》を直接認識することはできない、にもかかわらずそれが認識可能となるのは、それらが先験的な形式をそなえているからだ、とする主観性の哲学を大成した。ニュートンの確立した近代自然科学は、一見モノ自体を探求しているようにみえるが、それもオッカムの経験論の延長上に、事物そのものではなく、事物の概念を精密に分析しているにすぎない。

だがひとたび主観・客観の二元論が定立されると、合理論と経験論との対立は、そのまま主観主義と客観主義との科学方法論の対立に変換されてしまう。とりわけ客観主義的立場は、事物そのものの分析であるかのような錯覚に囚われることとなる。

主観性に映じた世界を、言語＝理性によって徹底的に記述しようとするこころみは、一方においては現象学、他方においては論理実証主義へといたるが、これらの哲学的苦闘は、主観と客観、あるいは意識とモノとのあいだによこたわる障壁が、二元論を前提とするかぎり、いかに乗り超え不可能であるかを物語っている。『論理゠哲学論考』の結語でヴィットゲンシュタインが述べた、「語りうるものは明晰に語れ、語りえぬものには沈黙のみ」は、この意味できわめて示唆的である。

客観主義においても事態は同じである。ライプニッツによってはじめられた《無限を有限に還元する》方法としての微分法は、ニュートン以後の古典力学において、絶大な力を発揮することとなった。この物体運動の言語゠理性による記述としての微積分は、ほとんど完璧に事物を表現するようにみえたが、それとてもモノ自体の記述や表現ではなく、その概念についての記述や分析であった。

すなわち、十九世紀の熱力学による時間の不可逆性の発見にいたるまでは、この古典力学が世界のすべてを記述可能または計算可能にし、宇宙や自然を支配する法則を明らかにすると信じられたが、それも結局概念のうえに築かれた無矛盾の理論でしかなかった。

すでに他の場所で指摘したように（北沢 一九九八年）、時間の可逆性と現象の線形性――物体の運動では時間を逆行させても同等の結果がえられ、また微小なゆらぎを無視しても時間と量などといった変数相互の関係は変わらない――を前提とした古典力学は、やがて時間の不可逆性と自然現象の非線形性――大きなゆらぎが時間の経過とともに諸変数相互の関係を変え、現象の出力を変えてしまう――が明らかとなるにつれ、認識論としての力を失うこととなる。つまりこれも、きわめて限定された《語りうるもの》について明晰に語ったにすぎず、《語りえないもの》あるいは沈黙の領域はあまりにも広大に残されていたのだ。

主観主義も客観主義も、こうして同じ主観性のガラス箱に収束し、合理論・経験論の対立同様に、近代合理主義という硬貨の裏表を示す同一物となる。ただここでも、主観主義哲学に対するロマン主義の反逆よろしく、時間の経過とともに無秩序の関数または尺度であるエントロピーが増大するという熱力学的不可逆過程の発見が、客観主義的な古典力学への反逆の狼煙をあげ、近代合理主義では認識することのできない事物の深淵の一端を明らかにする。

プラクシスとプラティーク

しかし、たとえ感性の論理や身体性を分離し、しだいに蒼ざめていったとしても、近代の知がかなり長期間、世界や現実を比較的正確に認識してきたと信じられたのは、近代の社会がその知によって形成され、したがって両者のあいだには同型性が存在したからである。この問題はまたのちにとりあげるが、近代の知がなぜ理性の論理のみに偏ってしまったのか、その謎を解く鍵がもうひとつある。それは同じデカルト的二元論の社会的および歴史的あらわれとしての、プラクシス（意識的行為）とプラティーク（無意識的行動）の二つのレベルの分裂である。

古代や誤って未開とよばれる社会では、知は基本的に神話的思考によって無意識のレベルに構造化されているため、両者のあいだに相互作用はあっても二元論的分裂はない。たとえば儀礼や祭祀は伝承や習慣として無意識におこなわれるが、それらは同時に倫理や道徳の源泉としてひとびとの意識的行為や活動を深く規定する。だが近代の知は、神話的思考や無意識そのものを非合理的なものとして排除する結果、たとえ個々人の内部に宗教的感覚が残存しているとしても、倫理や道徳は《書かれたもの》である宗教的教義や法律的規定という意識的なものに全面的に依存することとなる。すなわち、近代社会では《書かれたもの》に判断基準をもとめる意識的行為としてのプラクシスのみが、社会の正当で公的な活動とみなされる。無意識的行動としてのプラティークは、前近代的で遅れたものであるだけではなく、非合理的なものとされてしまう。

その結果、プラティークのレベルに構造化されていた神話的思考をはじめとする感性や身体性の論理は、分断され、断片化され、《迷信》と化していく。だが無意識から切り離された理性の論理が残るとしても、それはウェーバーのいう形式合理性であり、理性に合致するかどうかを形式的に判断するだけとなる。当の意識的行為が正しいかどうかという内容の判断は、結局《書かれたもの》の《解釈》の問題となる。

個々の事例としてそれが端的に示されるのが宗派的教理の論争や法廷での争いであるが、ひろく社会的にはそれは、解釈の正統性をめぐる闘争となる。いうまでもなくこれが、近代に固有の「イデオロギー」の成立とその戦いにほかならない。

イデオロギー

古代や誤って未開とよばれている社会には、個々の具体的争点はあっても、イデオロギーは存在しなかった。また古代文明においては、宗教的教義の解釈をめぐる争いはあっても、それはイデオロギーではなかった。なぜなら、同じ《書かれたもの》の解釈の争いであっても、近代のそれは、表層的には感性や身体性の論理を排除した、理性という名の価値の戦いとなるからである。

宗教改革とそれにつづく宗教戦争は、序章で述べたように観念的色彩を強く帯びていたとしても、まだ古代と同じく宗教的教義の解釈の戦いとして、信仰という感性や身体性の領域にかなり深くかかわるものであった。だがピューリタン革命やフランス革命以後の近代国家の成立は、すでに指摘したように、政教分離によって宗教的教義の解釈は個人や宗派集団の手にゆだねられ、完全に世俗化された公的な場では、《書かれたもの》の解釈の問題は、純粋に法的または政治的な価値判断となる。《書かれたもの》の解釈でないまでも、政治や政策上の対立は、みずからの主張を正当化する観念を生みだし、争いのなかでそれらの観念は新しい世俗的な《信仰》となる。これがウェーバーのいう価値判断としての《〔世俗の〕神々の戦い》にほかならない。《神々の戦い》であるゆえんは、一見それが観念とそれを統御している「理性」の戦いであるようにみえるが、実はそこに、合理性の支配によって排除され、非合理化された情念の戦い、つまり歪曲された感性または身体性相互の戦いが秘められているからである。

これが近代に固有のイデオロギーの本質である。たとえばルソーの『社会契約論』やマルクスの『資本論』は、それ自体は政治や経済の理論書であり、《書かれたもの》であるが、その理論が、ひとたびフランス革命や社会主義革命を正当化する観念として利用されるとき、それはイデオロギーとなる。イデオロギーの戦いとは「理性」または神々の戦いであると同時に、それを支持するひとびとの激烈な情念の戦いである。

あるいはナショナリズムでもよい。オッカムの切り開いた道のうえに、近代社会の根幹的制度である国民国家が十八・九世紀に成立するとともに、そこに包含される多くの文化や種族を統合するためのナショナリズムが要請される。二十世紀の後半にも、西欧の植民地支配から解放され、独立した第三世界の多くの国家にも、それらが多人種・多部族国家であるがために、より強固な統合観念としてのナショナリズムが要求される。ナショナリズムとは、近代国家統合のためのイデオロギーである。だが、イデオロギーであるがために、そこには根本的な矛盾がふくまれてしまう。つまり、ひとびとの深層のアイデンティティと表層の帰属意識との分裂や矛盾である。

アイデンティティとはプラティーク（無意識的行動）のレベルにあり、必然的に自己の属する文化に規定される。しかしナショナリズムによって形成される国家への帰属意識はプラクシス（意識的行為）のレベルにあり、たえず喚起しないかぎり消失の危険にさらされる。深層のアイデンティティは感性の論理に制御されるが、近代的帰属意識は「理性」というよりも観念の論理に支配され、したがってその裏返しとしての非合理的情念を潜在させる。

そのうえ近代社会にあっては、種族や地域に根ざす感性の論理としてのアイデンティティは、儀礼や祭祀の消滅、あるいは人口の大都市集中などによって希薄化し、感性の論理の機能を失う。すべては組織や国家への帰属意識という擬似アイデンティティに吸収され、それらへの忠誠という情念の支配下におかれる。

近年まで部族アイデンティティをたもってきたアフリカ諸国では、植民地時代そのままの国境内のナショナリズムよりも、部族への帰属意識（アイデンティティではない）の観念のほうが優先し、それがナショナリズムに代わる忠誠と情念の源泉となる。ルワンダの悲劇はそこに原因がある。

歴史主義と進歩史観

プラティーク（無意識的行動）のレベルが非合理的とされ、プラクシス（意識的行為）のレベルだけが合理的とされる結果、後者にもとづく近代の知は、「歴史」がプラクシスによってのみ推進されるとする。それが近代に固有の歴史主義とその進歩史観である。

すなわち、現実の歴史の推移は、人間の身体をふくむ全体的なものであり、そのために古代や誤って未開とされる社会では、しばしば歴史の伝説化がおこる。西アフリカのグリオ（宮廷詩人）たちが歌うように、部族間戦争に勝利した王や英雄は、神話上の獅子などにたとえられ、その業績は伝説として伝承される。神話や伝説それ自体が歴史でないことはいうまでもないが、逆に現実の歴史は、感性の無意識の論理によって、このように伝説となる。わが国でも、ヒロシマやナガサキはこの意味ですでに伝説となり、時を超えて語りつがれるものとなっている。

だが近代では、歴史がプラクシスに限定される結果、歴史は権力や体制の変遷などといった選別されたプラクシスの集積となる。そしてそれらの事実の集合からこぼれおちたプラティーク——現にいまも存続しつづけている——は、それぞれの立場から歴史に感情移入し、逆に歴史を神話化してしまう。こうしてアメリカ独立革命やフランス革命、ロシア革命（これはソヴェト連邦とともに解体してしまったが）や中国革命は、ナショナリズム・イデオロギーに増幅されて「建国神話」となるにいたっている。

歴史主義とは、歴史のこのようないとなみに盲目のまま、なおもプラクシスとしての「歴史」を歴史とするイデオロギーであり、近代の自己意識であるといえる。

唯心論・唯物論の対立——これもデカルト的二元論の反映である——にもかかわらず、ヘーゲルとマルクスはこの歴史主義を強力に推し進めたが、それらは近代の自己意識の頂点といえるだろう。とりわけマルクスの歴史の発展段階説は、後世に絶大な影響をあたえたが、それも科学的仮説というよりも、近代とそれを達成した西欧の優位を説く偏見に満ちた科学的イデオロギーにすぎない。

たしかに生物としての人間にも進化の歴史は存在した。だが生物学的な進化の歴史と、人間の集団的あるいは社会的な歴史とは異なったレベルにある。なぜなら、たびたび述べてきたように、言語記号にかぎらず、唯一の記号の動物である人間は、それらの記号の交換を通じて動物の知とは異なる知を形成し、そのうえに世代的経過としての歴史をつくってきたからである。オーストラリア・アボリジニーのひとびとの「ソングライン」（歴史伝承や神話地理学的伝承の歌の列）は、このことの明証である。したがって《歴史なき民》などというものは存在しないし、また歴史がプラクシスや知識の集積によって《進歩》するということもありえない。なぜなら、制度や技術などの改善や改革が生じ、また人間の知や文化の基本的構造に変換があるとしても、構造そのものの変化はありえないからである。むしろこうした科学的イデオロギーを鼓吹することによって、近代の知はほんらいの歴史からさらに逸脱する。

近代の自己意識の破綻

歴史主義だけではない。近代の自己意識の破綻はいたるところで生起する。たとえば近代の知の中枢をになってきた哲学は、デカルト的二元論の延長上に、主観性の袋小路か客観性の袋小路かのいずれかに陥る。前者はいうまでもなく現象学や実存主義であり、主観性の透明なガラス箱に閉じこもるだけではなく、純粋意識という名のもとに、その枠をますます縮小し、みずからを脱出不可能にすることによって、そこに映ずる現象をそれこそ純粋な観念像に《還元》してしまう。そこでは自己の存在すらも、それ自体では意味をもたないひとつの《現象》となる。サルトルの戯曲の題名を借りれば、ここには近代の自己意識の「出口なし」の状況が反映している。

客観性の袋小路の典型は、行動主義であるだろう。人間のすべての行動を、入力と出力または刺激と反応という機械論的レベルに還元し、それら相互にかかわる統計的法則を明らかにすることで、個人や集団を支配する経験論的《構造》(構造論的構造ではない)を明示するとする行動主義は、それ自体主観性の哲学の裏返しにすぎない。なぜなら主観性の哲学が、入力と出力のあいだに介在するブラック・ボックスそのものの内部に閉じこもり、それを主観性の透明なガラス箱とみなすのに対して、行動主義は逆にその外部を客観的法則が支配する透明なガラス箱とみなすにすぎないからである。たとえサイバネティックスからフィードバック機構を借用し、入力と出力とのあいだの回路を精密化したとしても、その本質は変わらない。

この二つの袋小路からの脱出の手がかりを、身体性とその知覚作用に求めたメルロー＝ポンティは、一方で行動主義の欠陥をみごとに批判し、他方返す刀でフロイトのいう無意識が、ブラック・ボックス内部への意識の病理的な退行にすぎないと断罪しながら、結局《現象学的還元による身体》の概念、つまり主観性によって定義された身体という観念を超えることができず、挫折するにいたった(メルロー＝ポンティ　一九六九年)。

彼が断罪した人間理解としてのフロイトの哲学そのものも、いうまでもなく主観性の袋小路の影のなかにある。なぜなら、フロイトの出発点は近代の知または理性の論理によって非合理化された感性、いいかえれば抑圧されて情念と化した無意識だからである。とりわけ性に関しては、ヴィクトリア朝風の偽善の横行した十九世紀末の西欧は、父なる神と家父長制の支配のもと、もっとも抑圧と罪障感の強い時代であり、社会であった。そこでこそ、抑圧された性的欲望の生みだす幻想としてのエディプス・コンプレックスが成立したのであり、それが主観性の透明なガラス箱をくつがえしかねない影に成長したのである。だが、たとえそれが実在の身体を規制する病理的機構であったとしても、そのような社会的状況が消滅すればただちに消失する心的幻想である点で、あくまで主観性の枠に囚われた機構にすぎない。

この主観性の枠を超えて精神分析学の展開をこころみたジャーク・ラカンについては、のちに語ることにしよう。

近代の自己意識としての物理学

哲学や人間科学だけではない。近代の知の客観主義的な記述言語としての古典力学についてはすでに述べたが、二十世紀の自然科学の主流も、その限界を大きく超えることはできなかった。たとえば量子力学である。

われわれが眼前にしている巨視的世界の法則がいっさい通用しない、一見不条理で混沌とした微視的世界の発見そのものは、量子力学の大きな功績であった。だがわれわれが直接観測することのできないこの世界を、物質世界の全体像のなかにどう位置づけるかという点で、近代の自己意識は破綻し、還元論の袋小路に入りこむ。

すなわち、微視的世界をなんらかの手段によって観測し、測定しようとすると、それは本来の姿を失い、主観性のガラス箱に映ずる巨視的世界と同等なものへと《崩壊》する、あるいはそのようなものとして《還元》されてしまう。この矛盾を克服するためにさまざまなこころみがなされたが、結局巨視的世界と微視的世界とをデカルト的二元論で分割し、微視的世界をカント的なモノ自体とみなすことでこの矛盾を括弧にいれてしまう。

これが量子力学のコペンハーゲン解釈にほかならないが、その結果、微視的世界の理論は還元論の袋小路にはいりこむこととなった。つまりそれは、古典的な諸法則がまったく適用できない微視的世界を主観性の枠の外に定立しながら、それをとらえる概念枠組を、たとえばシュレーディンガー方程式のように線形の偏微分方程式にもとめる、いいかえれば巨視的世界をあつかう主観性の枠組を超えることのない概念を適用する、というあらたな矛盾をかかえこむ。さらにそれは、それらの概念が整合的であるために、古典力学が巨視的世界を分子から原子へと還元していったように、微視的世界をそれ以外には還元できない究極の素粒子の集合体と措定したからである。

こうして無数の素粒子がいわば創造され、量子色力学や量子香力学などといった補助理論に媒介されて、超弦理論《スーパーストリングズ》の信奉者たちに《素粒子動物園》などと揶揄されるような分類体系がほとんど完成し、いわゆる標準理論が成立するにいたった。だがこの煩瑣にして《醜い》標準理論（Cf. Kaku 1994）は、宇宙全体あるいは少なくとも物質世界全体を説明するにしてはあまりにも不完全であり、いたるところで破綻をみせている。

こうした矛盾や二元論を克服し、微視的世界をも構造や位相といった全体的関係の視点から把握し、それを支配する一見不条理な諸法則のうえに宇宙が成立しているという統合的観点が超弦理論とともに導入されてきたが、このことについては、脱近代の知を語るときに、いずれ触れることになろう。いずれにせよ、近代物理学という近代の知の最先端においても、このように近代の自己意識の破綻が明らかとなる。

近代の自己意識としての生物学

近代の自己意識としての還元論の袋小路に陥っている点では、生物学も同じである。

一時期の分子生物学の目覚しい進展とともに、生命現象のすべてが解明されるときがやってくるという幻想がひろく支配してきた、いや、むしろいまもなお支配しているというべきであろう。DNA（ディオキシリボ核酸）やRNA（リボ核酸）の形態的構造が解明され、遺伝子や染色体、あるいは一個体の遺伝子の総体であるいわゆるゲノムなどの個別の機能がしだいに明確となり、その結果、遺伝子の操作や変換などによって人間に有用な植物や動物をつくりだす、あるいは人間の個体の病理を回避することができるかもしれないと、ばら色の未来が描きだされている。それとともに遺伝子が生物存在のすべての、そして究極の決定因であるとする、社会生物学をはじめとする新ダーウィン主義《ネオ・ダーウィニズム》が、生物学の範囲を超えて思想としての力をふるいはじめる。

遺伝子そのものはともかく、個体の遺伝子の総体的体系としてのゲノムは、物理学における《素粒子動物園》同様、措定された仮設というよりも観念にすぎない。あるいは遺伝子そのものも、そうであるといえるかもしれない。まして新ダーウィン主義の基本的概念のひとつである表現型《フェノタイプ》などは、ほとんど架空の《表現》といってよい。なぜなら、一個体のさまざまな身体的・行動的特徴としての表現型は、ゲノムによって決定される側面とともに、動物においても人間においても、学習や文化などさまざまな後天的要因に作用される側面が大きいからである（Cf. Rose 1998, p.102)。

主観性のガラス箱のなかで組み立てられた遺伝子決定論は、生物体の遺伝子レベルでの様相を、その箱のなかにゆがめて投影する。そのうえ恐るべきことに遺伝子決定論は、作物や家畜の遺伝子操作、あるいは人間の疾患の遺伝子操作による治療など、社会にまで大規模に進出し、序章で指摘したように、実験室的実験のみをへて、それが実在の環境や生態系にどのような影響をあたえるか予測できないまま、あるいは遺伝子操作によって人体の機構にどのような異変が生ずるか予測不可能なまま、それらを野放しにしようとしている。序章で述べたように、生殖技術やクローン技術と結びつくことによって、遺伝子決定論はオーウェル流の《すばらしき新世界《ブレーヴ・ニュー・ワールド》》の到来を準備することになるだろう。

事実、現に遺伝子決定論は、思想というよりはイデオロギーとして近代の知の主柱のひとつとさえなってきた。遺伝子がすべてを決定するという誤解が社会を支配し、胎児の遺伝子診断から成人の生命保険の遺伝子検査にいたるまで、人間の運命や社会生活さえもその情報によって左右されはじめる。医学的・生理学的に限定しても、生育環境や自己治癒力をたかめる健康管理など、身体的履歴（もちろんそれと一体となった精神的履歴）がはるかに重要な役割を果たすにもかかわらず、それは社会や国家の暗黙の優生学となり、政策さえも方向づけるにいたっている。

遺伝子決定論の中核ともいえる《利己的な遺伝子》や社会化された自然選択《ナチュラル・セレクション》の概念は、七〇年代末からはじまった政治的新保守主義と経済的新自由主義による《革命》、すなわち経済的強者のみが選択されて生き残り、敗者の分け前を吸収して世界的覇権を確立し、社会層にもその分け前にあずかるものとそうでないものの貧富の格差を増大させていくグローバリゼーションの図式と奇妙な一致をみせている。これをグローバリゼーションの自己意識といわずしてなんであろう。

計算可能性の限界

近代の自己意識としてのこれらの知に共通することは、それらが主観性の透明なガラス箱を強化しこそすれ、けっして打破するものではない、ということである。したがって近代の知は、袋小路から永遠に脱出することはできない。

すでにみてきたように、これらの知で頂点にたっした理性の論理とそれをささえる言語＝理性中心主義《ロゴセントリズム》は、明らかにヴィットゲンシュタインの警句を無視し、《語りえぬもの》または沈黙の世界さえも明晰に語りうる、または計算可能であるという幻想にとり憑かれてきた。こうした考えを代表するものが、人工知能（ＡＩ）の実現が可能であるとする認識である。

たしかに、動物や人間の脳の謎の解明のために、人工知能を研究し、開発することは有用である。だがそれは、人間の脳に代わりうる人工知能の実現が可能であるという認識とは一致しない。なぜなら、その認識の根本にある《無限を有限に還元》したうえで、さらにそれを二進法に閉じこめるディジタリゼーションの方法と、その延長としての線形な思考体系、つまり変数相互の関係を安定的なものとみなし、分析する思考体系は、《語りうるものを明晰に語る》ためには絶大な効果を発揮するが、他の場所で私が《実数の手触り》または《複素空間の手触り》と名づけたような《語りえぬもの》については、その存在すら測りえないからである（北沢 一九九八年参照）。

いいかえればこうした思考体系は、身体性およびモノの物質的実体性を無視した純粋に抽象的な時空に成立しているだけではなく、ひとつの事象または事物について《語り終える》ことができる、つまりアルゴリズムにもとづいた計算可能な完結性を前提としている。したがってそれは、身体性やモノの物質的実体性のもつ究極の《有限に還元できない無限》という性質――超弦理論をみても明らかなように、こうした位相的性質がむしろ宇宙の本質である――に盲目であるだけではなく、逆にそのような抽象的な時空にさえ存在しうるアルゴリズムの枠を超えた計算や、アルゴリズムを前提としない開放系を理解できないこととなる。

たとえば、電子計算機の抽象空間に描きだされるマンデルブロ集合である。単純な変換式の無限の計算から繰りだされるそれは、膨大ではあるが純粋な抽象図形である。にもかかわらずそれは、たとえばカエデは、他の樹木とは異なる独自の葉のかたちを無限に生み出していくといったように、無限の自己相似変換という大自然のもっとも本質的な法則のひとつを明らかにするにいたった。マンデルブロ集合や、その背景にあるカオス理論やフラクタル論の近年の展開は、宇宙の本質である《複素空間の手触り》の一端を示しはじめたといっていよい。《有限に還元できない無限》の連続的変換の問題をあつかう位相数学と、実数という《無限を有限に還元》して成立する連続力学系ではなく、逆に整数によって定義される離散力学系とを結合することでえられる新しい数学的用具が、その進展をになうこととなった。それが数学の内部において、線形思考を超える非線形思考を生みだしつつあるが、このことはいずれ脱近代の知を論ずるところで、ふたたびとりあげることにしよう。

いずれにせよ、自然の諸現象や事物は、古典力学があつかってきたように線形なものではなく、むしろ基本的に非線形であること、さらに線形性とは当の現象のもつゆらぎが、ほとんど無視してもよいほど小さい例外的なものであるという認識が、科学の最先端で明確となった現在、近代の知とその理性の論理が成立してきた主観性のガラス箱は、音をたてて崩れはじめたといえる。

なぜなら、主観性の透明なガラス箱の最後の拠点となった、すべてのものが計算可能であるとする線形でアルゴリズム的な思考体系をになう電子計算機が、そのような近代の知の自己意識であることを拒否し、ガラス箱の彼方にある脱近代の知の存在を暗示しはじめたからである。近代の知がつくりだした近代社会の内部にも、そのような反逆の芽が存在しているのだろうか。そもそも近代社会とは、あるいはその自己意識としての近代性とはなにか、またそのなかで人間はどのように変形されていったのか、さらに検討してみよう。

第二章　蒼ざめた社会

公的と私的

西欧において十二世紀から十三世紀にかけて、聖トーマスとオッカムのウィリアムズという根本的に対立する二人が、ともに信仰の領域、いいかえれば感性と身体性の領域と、理性の領域とを厳格に二分し、それが近代の知の出発点となってきたことをわれわれはみてきた。

さらにその対立が最終的に宗教改革となって爆発し、十六世紀から十七世紀にかけて西欧全土を恐るべき宗教戦争に巻きこんだこともわれわれはみてきた。つまり、信仰の領域のプラクシス（意識的行為）化である教義や神学的解釈の差異が、それにかかわる人間の存在全体の生死を賭けるたたかいを誘発した。他の文明に類をみないアルビジョア十字軍以来のこの宗教的非寛容が西欧キリスト教の特徴であるが、それにしてもこれほどの惨禍はかつてないものであった。

この歴史的教訓が、十八世紀の宗教的寛容と啓蒙的合理主義を生みだしたのであるが、信仰の領域と理性の領域とを厳密に分割した近代の知からすれば、宗教的寛容の結論は、両者をもう一度きびしく分離したうえで、信仰を個人の私的領域に、理性を社会的活動という公的な領域に所属させる二元論となることは当然である。

これはまた、近代の知を代表するデカルト二元論の社会化であるともいえる。世界宗教が混在していたかつてのインド亜大陸——残念ながら近代化の結果、宗教教義がイデオロギー化している現在のインドではない——のように、宗教的寛容が前提であった諸文明では、そのような信仰と理性の分離、あるいはいわゆる政教分離はまったく必要がなかった。ひとびとは両者を統合するひとつの人格を、相互に尊重しあいながら生きていた。社会全体を律する法や道徳は、相互のプラティーク（無意識的行動）のレベルにある生き方《ウェイ・オヴ・ライフ》の構造を基本的な参照枠組とするものであって、そこに若干の矛盾や対立があるとしても、それぞれの所属集団は《他者のやり方》に干渉することはなかった。むしろこうした柔軟で寛容な態度が、社会の安定を保持してきたのである。

しかし、いったん信仰と理性、あるいは私的または公的という厳格な二分法が確立したとすれば、社会と人間はどうなるだろうか。

近代社会の常識からすれば、公と私との区分は自明の前提であって、それが存在しなければ私的利害や私権が公的領域にはいりこみ、公的領域はそれらの衝突の場として、収拾のつかないホッブス的自然状態になると考えられている。だがそれは、近代化の結果そうなるのであって、人間の社会が本来そうであるのではまったくない。

すなわち、誤って未開とよばれている社会や、古代諸文明社会では、《私の共有性》とでも名づけるべきものが存在し、それが同時に公的領域を形成していた。私の共有性とは、かつてジャン＝ジャーク・ルソーが《一般意志《ヴォロンテ・ジェネラール》》と名づけたものにほかならないが、その集団に属するすべての個人がプラティーク（無意識的行動）のレベルでのアイデンティティや思考体系を共有し、たとえラコタ族のように個人的主張の強烈な社会であろうとも、基本的な価値観や倫理は同一であることをいう。

したがってこのような社会では、たとえ個人や氏族などの相互に利害の対立があっても、それが公的領域を脅かすことにはならない。なぜなら、対立はむしろプラクシス（意識的行為）のレベルという、彼らにとってはごく表層――近代的常識とは逆に――の対立にすぎないからである。表層の対立は、ほとんど話し合いや長老たちの調停で解決されるが、どうしても解決できない場合、儀礼的闘争の手段に訴えられ、勝者が結果を手にする。だがその場合でも、勝者の責任で和解の宴がもたれ、心理的わだかまりは解消される。プラティーク・レベルの構造はそれによってゆらぐことはない。

主権と人権

プラティーク・レベルの構造を媒介とした私的領域と公的領域との同一性は、人間社会の基本であったといってよいだろう。それがまた人間の主権と人権の源泉でもあった。

主権とは、人間が自己を支配する権利であって、近代でいう自己決定権とはまったく異なる。なぜなら、自己決定権とはプラクシスのレベルでの合理的決定権にすぎないが、主権はプラティークのレベルをもふくむ、いいかえれば感性や身体性をふくむ自己の全体をみずから統治する権利であり、力だからである。その保証がいうまでもなく、真の自由（フリーダム）の概念であろう。

人権とは、主権者である個人が、この主権を保持する権利にほかならない。したがってたとえ意識を喪失したりして自己決定権を失っていても、個人は人権を所有しているのであり、たとえば生前に臓器贈与の意志表示をしていない脳死者の臓器摘出などは、明らかに人権侵害であるだけではなく、身体の抹殺という殺人となる。

それはともかく、社会に《私の共有性》または一般意志が存在するかぎり、個人の主権も人権も保証されていて、アイデンティティという用語ともども、それらの概念が意識化され、用語となることはなかった。主権や人権が用語化されたのは、まさにそれらが保証されない社会が出現したからである。

古代諸文明の社会、あるいは植民地化される以前のインド亜大陸の宗教的混淆の社会などは、こうした範疇には属さない。なぜなら、それらにはまだそれぞれの集団や共同体に固有の私の共有性または一般意志が存在したからである。

たしかに、いわゆる未開社会と異なり、古代諸文明社会には権力が存在した。牧歌的な旧石器時代に代わり、新石器革命後の社会では、農耕や牧畜といった効率的な再生産がおこなわれ、定住にともなうさまざまな技術が開発された結果、余剰生産物の蓄積という富が出現し、その管理と分配のための権力が顕在化する。

顕在化すると断わったのは、新石器革命以後のいわゆる未開社会においても、富の集積が認められ、それを所有するかぎりでの権力は潜在的にあったからである。だがそれらの社会では、富の集積は、カナダ北西海岸の諸部族のポトラッチが典型であるように、あくまでも他者への贈与や分配のためになされるのであって、それ以外の目的はない。

だがたとえ権力が顕在化したとしても、それらの社会ではそれは、ひとびとの主権や人権を直接脅かすことにはならない。近代以前または西欧以外の王制や首長制をみれば、そのことはよく理解できる。たとえば日本の明治以前の天皇制である。

他の場所で述べたように（北沢 二〇〇二年参照）、律令以前や古代末期などの混乱期を除き、天皇制は近代的な意味での政治権力であったことはほとんどなかった。冬至前後のニヒノアヘ（新嘗）の祭祀にみられるように、天皇は太陽女神アマテラスと稲の女神トヨウケを代表とする天とカクレヨ（幽界）の神々に責任を負う唯一の存在であって、彼女らや彼らと霊的に交流することによって、この地上に豊饒をもたらす役割をになっていた。

その代わり、凶作や飢饉あるいは戦乱など災厄がもたらされたとき、その霊的責任や霊力そのものの枯渇が問題となり、なんらかの祭祀的対応や改元などを迫られることとなった。かつてアフリカやポリネシアでは、そのような場合、王は責任をとって死を選ばなくてはならなかった。これが有名な《王殺し》の制度である。

古代諸文明社会において王制が長期間存続しえたのも、それが宗教制度――エジプトにおいてもインドにおいても、それは大衆的制度であった――と並存し、祭司＝知識階層に支えられながらも、まずこのように他界との関連を保っていたからである。それはまた、さまざまなかたちで富の再配分や還元の機能をはたし、非常時には軍隊の召集によって国土と国民の防衛をおこなったことはいうまでもない。だがこの意味での権力も、かつて近代的またはマルクス主義的歴史観によって描かれたような、大衆の抑圧や搾取のためにふるわれることはほとんどなかった。

つまりこれらの社会では、権力をもつ王制といえども、私の共有性の枠を踏み超えることはなかったのだ。

王権と教会権

ところが西欧では、信仰の領域と理性の領域との分離がはじまった頃、教会権と王権との深刻な対立が進行していた。

宗教的権威であるカリフ（教王）が同時に世俗権力を掌握していたかつてのイスラーム世界と異なり、西欧においては、教会と世俗権力とは当初から二元論的対立のなかにあった。教会は純粋な精神制度ではなく、とりわけ神聖ローマ帝国成立以後、それ自体多くの土地や富を所有し、大司教領や司教領あるいは修道院領を支配する世俗権力をもち、同時に破門を頂点とする懲罰権としての宗教的権力をになう組織であった。それが王や諸侯という世俗権力、とりわけ皇帝の強大な武力に依存して世俗に対する精神的覇権をはかりながら、同時にそれらと拮抗して教会権の独立を保持するという、矛盾した政策を推しすすめてきた。

この矛盾はさまざまなかたちで爆発し、歴史的な混乱や葛藤を引き起こしてきたが、問題はそれが、信仰の領域と理性の領域との対立に結びつき、複雑な二元論的分裂となった点である。すなわちわが国にも、天皇制と世俗権力である将軍との対立があり、将軍の側が天皇制の内部にまでしばしば干渉したことは事実であったが、そこではつねに他界との交流という天皇の霊的権威が優位にあり、将軍はその枠を超えることはできなかった。いいかえれば、ここでいう理性の領域は、信仰の領域につねに従属していた。つまりわが国では、天皇制を支える信仰の領域はまた、プラティーク（無意識的行動）のレベルにある《私の共有性》にほかならず、それが理性の領域であるプラクシス（意識的行為）・レベルの政治を統御していたのだ。こうした目にみえない機構が、少なくとも明治以前まで、社会の統合性を保証してきた。

ところが西欧では、教会権の中心的機能をになう教義解釈や神学そのものに、アリストテレス主義対アウグスティヌス主義という分裂が生じ、それが教会内部のさまざまな対立を生むとともに、教会権と王権との対立と結びつくことによって、そこに二重螺旋状の構造的ねじれをつくりあげる。そして相互に全存在を賭け、西欧キリスト教に固有の正統と異端との争いをくりひろげる結果、本来プラティークのレベルと不可分であった信仰の問題まで純粋なプラクシスの問題となり、私の共有性は失われ、社会は教義解釈にもとづく小集団の分立で構成されることとなる。宗教改革は、潜在的に進行していたこうした分裂的対立の最終的爆発であった。

ここにすでに、近代に固有の人間のアイデンティティ危機の淵源がある。それとともに教会権と王権との複雑なねじれは、私的領域と公的領域または信仰の自由と国家との二元論に還元されつくすことなく、つねに政治権力をめぐるイデオロギー的な正統と異端の争いとなり、社会の統合性を危うくしつづけていく。それは近代社会の宿命とさえいえる。

公と私の分裂と主権の所在

《私の共有性》が失われ、その結果、信仰と理性または私的領域と公的領域とを分離せざるをえなくなった社会では、人間の自己統治権としての主権や、その社会的保障である人権は必然的にその全体性を喪失する。

すなわちここにも、私的領域の社会的保障としての人権と、個々人から公的領域に譲渡された主権という分裂が生じ、同時にそれぞれの概念の矮小化が起こる。

さらに王権に代わり、公的領域に国家が登場し、諸国家の対立からもたらされた、国家存立の合理的根拠としての国家理性を獲得することにより、それは譲渡された主権の代表者としてふるまうことになる。たしかにイギリスではじまった近代民主主義制度は、主権はあくまで国家の構成員にあり、個々人の主権の委託をうけた代議員が自己統治権を代行するとされている。だがそこでは、私の共有性または一般意志の喪失によって、なにが国家理性であるか、なにがいわゆる国益であるかは、利害や立場のちがう個人やその委託をうけた代議員の意識的で合理的な判断にゆだねられることとなる。

しかし問題は、この個人の合理的判断である。私の共有性の解体の結果、すべての判断は、自己の価値基準またはいわゆる理性にしたがう意識的なプラクシスとなる。だがプラクシスのレベルの価値基準や理性は、個人によって異なってくる。そのうえそこには、個人の権利や利害の主張としての私権が生じ、事態をより複雑化する。

つまりかつては、ラコタ族やトリンギット族の社会のように、強烈な個人的主張があるとしても、私の共有性が前提であるかぎり、それは私権の主張とはならず、他者との衝突は存在しえなかった。だがこうした前提が失われるやいなや、個人の自己主張は私権と化し、社会は自己主張や私権の衝突の場となる。ホッブスの主張とは逆に、私の共有性のある自然状態から社会状態へのこのような移行が、《人が人にとって狼である》社会をもたらすことになる。

社会が私権や自己主張の衝突の場となれば、必然的に国家は政治的にも法的にもそれらの調停者としての役割を演じざるをえない。個々人から委託されたはずの主権は、その行使者である国家によって、近代権力へと変換されてしまう。あえて近代権力と名づけるのは、古代あるいは近代以外の諸文明国家にあっては、私の共有性から切り離された権力は存在せず、ただ近代国家のみが合理的で公的な領域全体を支配する権力を手にするからである。

名目的にはともかく、実質的に国家に主権を委譲した個々人は、その支配下で、公的には《国民》または《公民》として憲法など法的観念のたんなる共有者となり、他方私権や自己主張の担い手としての《市民》となる。こうして主権は公権力と私権とに分裂し、人権はそのはざまで、わずかに生存権とプラクシス・レベルでの社会的保障として残存するにすぎなくなる。一個の人間の全体性は崩壊し、感性や身体性は私的領域に閉じ込められ、公的領域でもそれは、公権力の被支配者と私権の主張者という異なった人格に分断されるにいたる。

それに加え、近代的な経済体制の進展にともない、マルクスの指摘した《自己疎外》や《物象化》という人間存在の自己崩壊が生ずる。

疎外と物象化

このような私的領域と公的領域との人間の分断、あるいは公的領域での人間の二元論的分裂は、すでにそれ自体人間の自己疎外である。マルクスの用語と区別していえば、それは主権者としての人間の政治的・法的疎外といえるだろう。

だが近代社会では、それに加えて経済的疎外または物象化という事態が発生する。マルクスはただ資本主義社会でのみ生産過程において、私的所有にもとづく生産手段からの労働者の疎外が生じるとし、また労働そのものもふくめ、そこではすべての人間活動とその所産が数値的交換価値ではかられ、モノ（レス）に置きかえられるという物象化《レイフィケーション》が成立するとした。しかしマルクスの誤りは、これらの現象が資本主義社会固有のものであるとし、また経済的疎外も労働者階級に限られるとしたことである。

まず彼が論じてきた生産手段の私有制である。たしかに私的所有と、それによって生ずる私権は、近代に固有の制度である。たとえばホピ族の社会では、合衆国による財産の私有制が導入されたあとでも、伝統派の村々では土地や畑は村もしくは母系氏族の共有財産であり、ただそれを代々受け継ぐ家系が、その管理責任者であるとする伝統的所有観が受けつがれている。封建制が敷かれていた明治以前のわが国でも、農村ではほとんど同じような所有観が存在していた。たしかに徳川幕府や封建領主による検地がおこなわれたが、それは年貢といういわば税収のためのものであり、また検地にあたり田や畑、屋敷などの土地の所有者としての《名請人《なうけにん》》を確定することが求められたが、名請人はその名のとおり、それらの土地の管理責任者であって、近代でいう地主または私有者ではなかった。つまり近代以前または以外にあっては、村や氏族や家系の共有としての所有という観念はあっても、私有という観念はなく、当然私有制そのものも存在しなかった。『家族・私有財産・国家の起源』で展開したエンゲルスの謬説については、ここで触れるまでもないであろう。

もちろんローマ法やイスラーム法、あるいはさらに古くはマヌ法典に所有の観念が現れているが、たとえ個人の所有権の規定があるとしても、それはつねにプラティーク（無意識的行動）のレベルにある信仰や道徳、あるいはここでいう《私の共有性》を前提としていたのであり、近代の私有制とはまったく異なるものであった。しかし所有にかかわる近代の法、とりわけ民法（フランス語でいうル・ドロア・シヴィル）全体および商法の基底にあるのは、まったく逆に、プラクシス（意識的行為）のレベル、つまり理性の領域、しかも公的領域における《私的なもの《ル・プリヴェ》》の権利としての所有観である。さらにそれぞれの私の所有や権利は、たとえ衝突や葛藤にみまわれるとしても、最終的にはプラクシスのレベルで《理性》にもとづく調和や秩序にいたるとし、それが《私的なもの》を統合する《市民的なもの《ル・シヴィル》》であるとした。

これが私権の根源にほかならないが、この意味での私有制が近代に固有であるのは、それが信仰と理性、および私的領域と公的領域との社会的なデカルト的二元論によってはじめて成立したものだからである。そのうえ個人対個人であれば、社会的自己主張や自己決定権としての私権や私有の主張は、たとえ衝突があったとしても《市民的なもの》の枠内で解決が可能であるだろう。だがそれがその枠を超え、マルクスのいう生産手段の私有という資本主義経済体制にいたるとき、もはや《市民的なもの》の枠は有効性を失う。なぜなら、たとえ私企業つまり《私的なもの》であろうとも、それは《市民的なもの》のレベルを超え、《国家的なもの《ル・ナショナル》》とでも名づけるべきレベルに到達するからである。さらに近年では、それは《国家的なもの》を超え、国家の統御さえもきかない多国籍企業へと成長していることはいうまでもない。

いずれにせよマルクスは、生産手段の私的所有が人間の疎外の根源であるとし、その公有もしくは人民による共有という社会主義または共産主義体制を提唱した。だが問題は、生産手段の大規模化が《市民的なもの》の枠を超えることにあるのであって、そのことが理解されれば、生産手段の公有化や国有化が、人間の疎外の解決にはまったくならないことは明らかである。崩壊したソヴェト型社会主義の七〇数年の歴史が、このことを実証している。

しかし、にもかかわらずマルクスの疎外と物象化の概念は、この《国家的なもの》とはなにか、という観点から再検討すれば、近代社会を分析する知的用具として、依然として有効であることがわかる。

国家的なものとはなにか

問題は国家的なものとはなにか、である。

すでに近代国家の成立については触れたが、その統治や権力の基底にある合理的な近代性、さらにはその硬貨の裏として存在する非合理性についてはまだ触れていなかった。

歴史的には近代の国民国家《ネーション・ステート》は、ピューリタン革命やフランス革命、あるいはアメリカ革命という体制の根底的変革によって登場したが、このことは重要である。すなわち、たとえ諸個人の主権の回復という理想を掲げていたとしても、暴力的手段によって旧体制を転覆し、その権力を奪取することは、ここでいう理性の領域および公的領域に、力による権力の交替という劇、いいかえれば合理的ならざるものを展開したことであり、それによって樹立された権力の法的正統性《レジティマシー》を疑わせる矛盾をふくんでいることである。

欧米だけではない。日本の近代国家化は、武力による徳川幕府の転覆から出発したし、中国も辛亥革命による清朝の打倒から近代国家化への長い道をあゆみはじめた。第二次大戦後、植民地から独立した第三世界の多くの国々も、暴力をともなったか否かを別としても、独立運動や抵抗運動などの長い歴史のなかから近代国家化を開始したのであり、そこには内的にも外的にも強制力が作用していた。近代諸国家の成立にあたっては、少なくとも《力は正義なり《マイト・イズ・ライト》＝勝てば官軍》であったのだ。

所属成員すべての一致した意志、つまり一般意志ではなく、多数意志あるいはときには少数意志の力による近代国家の創設は、根底的な矛盾をふくんだまま推移する。近代民主主義の諸制度も、その矛盾を解消することはできない。なぜならルソーが批判したように、一般意志、つまりここでいう《私の共有性》のない制度では、利害の衝突や不一致がある場合、多数決によってかならず少数派の意志は疎外される。その決定が法的強制力をともなうとき、ここでも多数決という《力は正義なり》が貫徹されるからである。

近代国家の内部では、こうした多数派・少数派の葛藤がたえず反復され、その結果国家理性または国是がつねに疑念にさらされることになる。したがって国家は、国家の統合性をたもつために、つねにひとびとに対して国家への帰属意識を喚起し、イデオロギーとしてのナショナリズムを鼓吹しなくてはならない。だがこのこと自体、近代国家が主権者である個々人の総意にもとづいて運営されている、という擬制のうえに成り立っていることを証明しているといってよい。

問題はこの擬制が、近代国家のすべてを貫いていることである。したがって、もし擬制が存続しえない状況が生ずるとしたら、近代国家は崩壊の危機に直面する。佐賀の乱や西南戦争など明治初期の国家的危機は、近代国家創設時につねに起こるこの国家という擬制と実質的な社会との対立による権力の正統性の争いであり、いわば国家と社会との葛藤といえる。わが国がそれを克服して近代国家への道をあゆんだとすれば、たとえばイラクやイランでは、その葛藤において、宗派集団などの社会が国家に勝利した例といえるだろう。

すなわち、一九五八年のイラク革命では、第一次大戦後イギリスの保護下に成立し、イギリス風の近代化を進めてきたハシェミット王朝に対して、五二年のエジプト革命に刺激をうけたイスラーム・スンニー派の将校団が決起し、王朝を打倒し、イスラーム国家を建設しようとした。ただイラク内部ではスンニー派は人口の二〇パーセントを占める少数派でしかないため、権力維持の執念は結局サダム・フセインの軍事警察国家をもたらすこととなった。しかし一九七九年のイラン革命は、西欧風の近代国家を目指していた国王パーレヴィ体制を転覆し、シーア派の主導するイスラーム国家の樹立に成功し、現在ハタミ大統領のもとに西欧とは異なった民主体制をつくりだそうと努力している。もしそれが成功すれば、近代国家の擬制ではない体制による国家、つまり少なくともイスラーム教徒にとって、《私の共有性》を前提とする国家が生みだされることになるだろう。

しかし、近代国家の擬制の存続は、資本主義やその経済体制にとっては不可欠である。なぜなら、擬制としての国家は、その経済政策によってつねに自国の産業を保護し、育成し、陰に陽に国際貿易に介入し、諸企業の利益を代弁してきたからである。これが、少なくともグローバリゼーション開始以前の《国家的なもの》の実体であった。

国家と社会と経済との対立

しかし、巨大多国籍諸企業の成立と、その主導によるグローバリゼーションの開始は、この国家的なものを超え、経済を超国家的なものへと変身させる。もはや近代国家は、経済政策によって経済を統御することはできない。近代国家はその内部に、潜在的であれ顕在的であれ、実質的社会の反乱をかかえるとともに、そのレベルを超えたグローバリゼーションの主体、つまり多国籍の利潤追求機構としてのグローバリズムをかかえこむことになる。

いいかえれば、近代国家やその公権力という擬制である国家的なもの《ル・ナショナル》は、公共的権利を主張する、つまり市民的なもの《ル・シヴィル》を主張する社会によって、内在的につねに葛藤の危険にさらされるとともに、多国籍諸企業という巨大な私権または私的なもの《ル・プリヴェ》によって、外在的にその機能を喪失する危機に直面することになる。

また近代国家に属する個々の成員にとっては、それは自己の主権の二重の疎外となる。つまり彼または彼女は、市民的なもののレベルで自己主張できるとしても、《投票日の一日だけ主権者であって、あとは奴隷だ》というルソーの皮肉が多分に真理であるような、国家的なもののレベルの近代民主制をへてそれが実現されることは、ほとんどないからである。国家的なものの意思決定は、近代国家という擬制を表象する立法府の議決や、擬制の維持管理者としての官僚制の支持を通じて多数派によっておこなわれるが、それも市民的なものの要求であるよりは、いわゆる国家理性や国益を優先するものであって、諸個人にとっては婉曲な疎外にほかならない。

超国家的なものが、市民的なものや個人に対して疎外者であることについてはいうまでもない。これも皮肉なことに、私権にもとづく超国家的なものは、擬制としての公権力にもとづく国家的なものの部分的な規制をうけながら、同時に対立するという矛盾をかかえるが、両者はともに、市民的なものと純粋に私的なもの、いいかえれば個人に対して二重の疎外者としてたちあらわれる。多国籍的利潤のメカニズムにもとづく超国家的なものは、とりわけ環境問題などで市民的なものの要求や利害と真っ向から対立するが、国家的なものはそれに対して、それぞれの国内法などでわずかに調停者としての役割を果たすにすぎない。近年はじまった京都議定書などにみられる国際的な取り組みも、たとえば世界環境機構（ＷＥＯ）といったようなその実施を推進する強力な国際機関――いまや超国家的なものの調停機関でしかない世界貿易機構（ＷＴＯ）よりもこちらのほうが緊急に必要である――が登場しないかぎり、啓蒙活動以上の期待をいだくことはできない。

そのうえ不幸なことにわれわれは、超国家的なものの私権による国家の崩壊の危機が問題となる一方で、諸個人の私権の拡大が社会の崩壊をうながす危険にも直面することとなる。つまり市民的なものの確立を目指してきたはずの近代社会において、社会を構成する諸個人の私権の主張、いいかえればいわゆる市民的自由拡大の主張によって、逆に理想とする市民的なものの確立が妨げられる、という深刻な矛盾が生ずることになる。

私権による社会の崩壊

すなわちわが国においても、市民的自由や権利について憲法第十三条で、「すべて国民は、個人として尊重される。生命、自由及び幸福追求に対する国民の権利については、公共の福祉に反しない限り、立法その他の国政の上で、最大の尊重を必要とする」と規定されている。この条文の「自由及び幸福追求に対する国民の権利」と、その制限としての「公共の福祉に反しない限り」が問題となる。

まず、戦争や大規模災害などの場合に、「公共の福祉」のために私権が制限されるのは当然であるが、平時において、いわゆる国防やテロ対策のために、「公共の福祉」または「公共の利益」の名のもとに私権の強制的な制限がおこなわれ、その結果基本的人権が制約されるとすれば、それは《忍び足のファッシズム《クリーピング・ファッシズム》》以外のなにものでもないといえる。「九月十一日事件」以後のアメリカ合衆国の現状が、まさにそれであるだろう。

しかしそれとは逆に、特定の問題において「公共の福祉」とはなにかがきわめて曖昧なとき、諸個人の無制限な私権の主張が、市民的なもの、または人間的なもののレベルにおける「公共の福祉」を危機に陥れることがしばしば起こる。

たとえば臓器移植や生殖技術、あるいはクローンなどの先端技術、または《先端医療》である。善意による贈与を前提とした、過渡的な医療としての臓器移植を全面的に否定するつもりは毛頭ないが、グローバリズム経済の一環として人間の臓器の大規模な商品化が起こり、第三世界ではしばしば犯罪組織がからむ臓器や人身の売買が横行し、基本的人権や人間の尊厳などのことばがまったく空文化している事実をわれわれは直視しなくてはならない（Cf. N. Scheper-Hughes 2000）。

生殖技術においても精子や卵子の大規模な商品化が生じ、それが問題となるが、それ以上にここでは、遺伝子損壊などから生ずるまだ未知の諸問題があり、さらに生まれた子供自身のアイデンティティや法的・家族的諸関係の混乱など、人間存在にかかわる社会的葛藤が問題となってくる。またクローンをふくめこれらの技術は家畜の品種改良技術から派生しているが、そのことは人間を家畜と同じモノのレベルに置くことを意味する。もちろん家畜も一個の生命であり、いまでも第三世界では家族の一員としてあつかわれているが、近代の人間中心主義と家畜の商品化が、それをモノと化してしまったのだ。

いずれにせよ、免疫機能がそれぞれの個体の有機的・身体的アイデンティティであることを無視し、臓器を部品《パーツ》として処理する臓器移植は、近代の機械論的世界観の究極の表現であり、生殖技術も同様に、人間をモノのレベルであつかう近代の物象化現象の典型的表現であるといえる。

しかもこれらの医療や技術――生殖技術は不妊治療といわれるが、それを実施しなければ患者の生命を救えないという本来の意味での医療とはいえない――は、たとえば後者の場合、不妊のためその技術によって子供が欲しいといった諸個人の「幸福追求の権利」を保証するものであるとされる。だがそれによって、人権や人間の尊厳を無視した国際的な臓器の売買がおこなわれたり、出産された子供の人権やそれこそ「幸福」が無視され、さらにそれによって社会的混乱が招来されるなど、社会全体の「公共の福祉」がそこなわれることになる。とりわけ世代の交代は、たんに一個人や一家族の問題ではなく、その社会または人類全体の問題であり、一個人や一家族の「幸福追求」という私権の主張によって左右されるべきものではない。

ここには諸個人の私権の主張の背景として、生物としての人間一般の欲望ではなく、近代の人間固有の肥大化した欲望の問題があるが、そのことは次の章で考えよう。

公共の利益と公共の福祉との背反

このように近代社会の仕組みには、個人の私権と公共の福祉との背反が内在しているが、さらに深刻なことに、「公共の利益」と称するものと「公共の福祉」との背反関係が存在している。「公共の利益」とは、近代的な考えにたてば、一社会または一国家に属するひとびとの、「最大多数の最大幸福」である「公共の福祉」をもたらすはずの利益である。たとえば、いまやすべてのひとびとの生活に不可欠な電力を考えてみよう。

電力の安定した供給は、この意味で「公共の利益」であり、供給者が私企業であるかどうかにかかわりなく、社会的に求められるものである。だが問題は、その目的をだれがどのような手段で達成するか、である。「公共の利益」であれば、当然その利益を共有するひとびと、いいかえれば供給をうけるひとびとも、《だれが》という意思決定に参加すべきであるだろう。だが現実にはそれは、「公共の利益」の名のもとに、国家のエネルギー政策と企業の利益との共同の意思決定にゆだねられる。

さらにそれに、《どのような手段で》がくわわる。つねに巨大科学技術開発の先端にたつという「国家的利益」の追求は、「公共の利益」にさえ優先するが、その結果エネルギー政策も原子力開発優先となり、通常の原子炉にくわえ、商用炉としての実現さえ疑わしい高速増殖炉から核融合炉にいたる計画が立案され、実施されることになる。

設置環境整備や建設から廃炉にいたる長期的観点からすれば、経済性にも疑問があり、安全性に関してはは致命的といっていい欠陥のある原子力開発は、とりわけ高濃度から低濃度にいたる膨大な放射性廃棄物によって自然・生活環境に大きな負荷をあたえる。すでにウラン原石の採取自体がラドン・ガスなど低レベル放射能によって環境汚染をひき起こし、鉱夫たちに大きな健康被害をおよぼすうえ、原石に零コンマ数パーセントしかふくまれないウラニウム235を六弗化ウラン（イエロー・ケーキ）としてとりだす精錬過程での放射能汚染、さらには露天にボタ山として蓄積される鉱石残滓の放射能、あるいは燃料用ウランの低濃縮工程や核兵器用ウランの高濃縮工程からの放射性廃棄物、使用済燃料の再処理や解体した核兵器などから生ずるプルトニウムをふくむ高レベル放射性物質など、自然界には存在しない、あるいは自然界の閾値をはるかに越えた放射性物質が人間環境に蓄積される。

これら放射性物質のいわば寿命をあらわす半減期は、きわめて短いものも多いが、プルトニウムの二万四千年からウラニウム２３８の四十五億年などきわめて長いものも少なくなく、しかも人体に対する毒性の強いものが多い。したがって平和用・軍事用原子力開発（両者の境界はあいまいである）のすべての過程から放出される膨大な放射性廃棄物、とりわけ高濃度廃棄物が恐るべき難問を提出する。すなわちその安全な長期保管——少なくとももっとも毒性の強いプルトニウムのための二万数千年——である。

わが国ではこれらの放射性廃棄物の最終貯蔵場は未決定であるが、アメリカ合衆国では、ネバダ州のヤッカ・マウンテン地区の地下に最終貯蔵施設を建設している。だがそこでも専門家や環境保護団体からは、地下水の放射能汚染や巨大地震（ネバダは環太平洋地震帯の東限である）による施設の崩壊の危険などが指摘されている。

要するに軍事用・民間用を問わず、原子力開発は、放射線被爆や環境への放射能汚染などによって、現世代の生存に脅威をあたえるだけではなく、人類の後続世代の生存を脅かす点で、国防や電力供給という「公共の利益」が人類大多数の「公共の福祉」を根底から損なう最大の、そして典型的な例である。近代社会の矛盾もここにきわまるといってよい。

そのうえグローバリゼーションによる《規制緩和》の名のもとに（わが国では電力は地域独占企業にゆだねられていたため、エネルギー供給の多様化・自然化・小規模化のための規制緩和は必要である）、生活に不可欠な電力が投機の対象となり、その結果合衆国カリフォルニア州で、規制緩和の意図とは逆に電力料金の高騰をもたらし、停電などの混乱をひき起こしたことはわれわれの記憶に新しい。

情報化社会または管理社会の矛盾

「公共の福祉」と「公共の利益」との背反は、情報技術（ＩＴ）がもたらした情報化社会についてもいえる。

情報技術による社会の情報化は、グローバリゼーションと不可分であり、その前提にほかならない。たしかにわれわれも、その恩恵を多くこうむっている。国境を超え、瞬時に必要な情報を検索したり、公共機関や企業などの公示板に意見を述べたり、また多くのデータ・ベースと接触できたりするインターネットは、その個人的利便の最たるものといえる。にもかかわらずわれわれ個人は、インターネットの利用者であって、その主権者とはいえない。

すなわちわれわれは情報の消費者、あるいはせいぜい消費情報の小生産者にすぎないが、主たる情報の生産と交換は、ほとんどグローバリズムの主体や国家によっておこなわれているのであり、それが情報技術の大容量化や高速化を必要としているのだ。そのうえこれらの主要情報は、情報公開法などによって開示される国家や地方行政などの情報の一部を除き、大部分は国家機密や企業秘密の厚い壁にはばまれていて、われわれがアクセスすることはできない。たしかにその一部は科学や技術の開発をになり、その意味で結果として「公共の利益」に奉仕しているようにみえるが、そのほとんどはグローバリズムの主体の利益に直接還元される性質のものであって、真の「公共の福祉」に利するものとはいえない。

たとえばいわゆるヒト・ゲノムの解読など生物学的な情報解析は、最終的には遺伝病などに悩む患者を救済する新薬の開発というかたちで「公共の福祉」に還元されるようにみえるが、直接的には多国籍製薬企業に新薬開発による巨額の利益をあたえるものである。さらにそれらの技術は、国家の保護をうける《知的財産権》という私権の行使によって、他に技術移転できない高い障壁をつくりだし、高価な治療や医薬品の恩恵をうけられるひとびとをおのずから選別し、「公共の福祉」の内部に差別を導入する。

そのうえ逆に、行政の情報化や企業の顧客管理などの名のもとに、プライヴァシーにもかかわる個人の情報が、それらの主要情報システムの内部にデータとして蓄積され、管理の対象となる。たとえばいわゆる国民総背番号制の採用によって、住民台帳や犯罪歴から国税の申告データにいたる、行政にかかわるすべての個人情報が一元的に管理される状況を考えてみよう。多少の想像力があれば、それがジョージ・オーウェルのいう《すばらしき新世界》への第一歩にほかならないことはすぐ理解できる。

国家的なものまたは超国家的なものとしての《管理するもの》と、そこから疎外された組織や諸個人という《管理されるもの》との整然とした機能的分割が、情報化によって登場した「管理社会」の本質である。そこでは、管理するものが管理されるものの運命を決定するといっても過言ではない。しかもかつてのファッシズムやスターリニズム国家のように、国家権力が直接強制的に諸個人の運命を決するのではなく、いわゆる人権や自由の保証のもとで、一見なんの制約もなく行動するひとびとが、国家的なものや超国家的なものの目にみえない情報管理の網に囚われ、操作されているのが管理社会というものなのである。

超国家的なものの力

グローバリゼーションによる経済の投機化が、この図式をいっそう恐ろしいものにする。たとえば一国の通貨である。すべてのものの自由化の名のもとに、一国の通貨さえも投機の対象となり、為替の変動によって巨額の利益をあげることが可能になった。情報化の結果、国際的に瞬時に移動するヘッジ・ファンド（投資信託組合）などの巨大流動資金が、その利潤を求めて投入され、また引き揚げられることによって弱い通貨が翻弄され、メキシコや東南アジアなど数々の国の通貨危機・経済危機が引き起こされたことも記憶に新しい。

超国家的なものの経済力は、グローバリゼーションや情報化の結果、国家的なものを破滅に追いこむことさえ可能となった。ましてそれらから疎外された市民的なものや諸個人は、その力のまえにほとんど無力であるといってよい。わずかに国家的なものは、東南アジア通貨危機のときのマレーシアのように、変動相場制を一時的に停止するなどの手段によって、超国家的なものの力に抵抗することができるだろう。だがそれにも限界がある。真の国際協調というよりも、より強く超国家的なものの立場に傾斜している国際通貨基金（ＩＭＦ）や世界銀行、あるいは世界貿易機構（ＷＴＯ）などの国際機関の介入は、国家的なものの抵抗力をいちじるしく弱める。

そのうえ超国家的なものは、利潤のメカニズムにもとづいて行動するのであり、それによって国際的・国内的な経済格差が増大し、社会的矛盾や葛藤が生じることには無関心である。企業イメージの向上のために、環境や社会への配慮を宣伝し、併設した財団などを通じたそれらのための利益の還元をおこなうことはあっても、根本的な行動様式は変わらない。したがって本来国家的なものは、超国家的なもののそのような行動様式を規制し、環境への負荷を軽減し、国際的・国内的経済格差を是正し、社会的葛藤を減少させる政策を優先しなくてはならないのに、まったく逆に、超国家的なものの理念である市場万能の新自由主義や新保守主義に加担し、グローバリゼーションへの道を拓りひらくことに専心する始末である。社会的な格差や矛盾、あるいは葛藤が増大し、国内総生産（GDP）など経済指標は向上し、国家は飛躍的な経済成長をとげたかもしれないが、その社会は破滅的状況に陥ったという未来さえ予測されかねない。

わが国はいま「構造改革」の名のもとに、その典型的な道をあゆみつつあるが、それはいわゆる先進国だけではない。国際通貨基金や世界銀行、あるいは世界貿易機構などの国際金融・経済機構の圧力によって、第三世界の国々の多くがそのような道をあゆむことを強制され、国内の貧困層を増大させるとともに、超国家的なものの支配によって国家主権を縮小させられ、ただでさえ貧弱な社会保障などの安全網《セーフティ・ネット》を、ますます薄くせざるをえなくさせられている。

経済現象だけではない。超国家的なものは、弱い企業を吸収し、合併し、ときには倒産に追い込んだりしながら拡大しつづけるが、その結果、地域の固有の文化をささえてきた多くの地場産業や中小零細企業を破滅させ、伝統技術を破壊し、ついには固有文化そのものをも消滅させてしまう。こうして国内的だけではなく、国際的にも文化の多様性は失われ、風俗から思考体系にいたるまで、ここでも恐るべき画一的なグローバリゼーションが実現する。

たしかに一方では、近代社会における価値の多様化などといった現象が指摘される。それはここでいう文化の多様性の消失と一見矛盾するようにみえる。だがそれは近代社会の楯の両面にすぎない。すなわち、文化の多様性の消失は、われわれのプラティーク（無意識的行動）のレベルにかかわる人間の深層の問題であり、それだけに事態は深刻なのだが、価値の多様化は、たんにプラクシス（意識的行為）のレベルでの自己主張やその差異の強調であって、せいぜい趣味からイデオロギーにいたる表層の問題にすぎないからである。

超国家的なものの力はそれだけにとどまらない。生物としての人間存在の基盤さえ破壊してしまう。すなわちもっとも基本的な食糧の生産と安全性の問題である。

農林漁業の破滅

序章で指摘したように、農業のグローバリゼーションによる生産や流通の巨大化は、残留農薬や食品添加物、遺伝子操作による変異、あるいはヴィールスや細菌による汚染などで、人間生存の基本的事物である食糧をきわめて危険なものにしている。大気汚染や、添加剤をふくむ紙巻煙草の煙が肺癌の原因であるように、消化器や内臓に発生する癌は、そのかなりの部分が、これらの食品にふくまれる人工的な化学物質や生物的変異体、あるいは病原体などに由来するといっても過言ではない。

それだけではない。かつての《緑の革命《グリーン・レヴォリューション》》以来の農業の工業化は母なる地球の生態系を変え、表土を不毛化し、降雨による流出を常態化し、農業そのものの未来を危うくしている。

すなわち農業の基本は、ジャガイモやトマトなど寒冷地や高地原産種などの例外を除いて、作物を植える土をいかにゆたかにするかにある。しかし《緑の革命》では、多収穫品種の大量の単作に大量の化学肥料や農薬を投入する結果、一時的ではあるが収穫量は飛躍的に増大する。だがそれによって表土は、土をゆたかにする有機物や微小生物を失い、しだいに不毛に粘土化していく。病虫害に弱い単品種の多収穫作物は、それによって病虫害を受け、ますます多量の強い農薬と、ますます多量の化学肥料を必要とするようになる。投入される農薬や肥料は、土をますます不毛化するという悪循環が成立する。粘土化した表土は保水力がなく、降雨によって簡単に流出し、またそれによって地中の塩分を吸いあげ、農地の不毛化に拍車をかける。こうして《緑の革命》は簡単に崩壊する。

この不毛のシナリオは、アメリカ合衆国をはじめほとんどの大規模農業生産地で実現されつつあり、またかつてこの革命の恩恵を最大限に受けるとされた第三世界でも起こったことである。レスター・ブラウンなどの先駆者たちが警告しているように、世界的な人口の増大とあいまって、工業化した近代農業はいつかかならず挫折し、世界的な食糧危機が発生するであろう。

しかも農業は、すべてのものを機能的に分業化する近代的な思考から単独に扱われているが、本来牧畜や林業や漁業など、生態系にかかわる統合的なサイクルと不可分である。なぜなら、山地のゆたかな森林が有機質に富んだ豊富な水をつくり、農地や牧草地をうるおし、また沿岸の魚介類を育てるからである。また農業そのものにおいても、化学肥料を多用する単一品種の単作は、土壌を貧困化するだけではなく、作物そのものを脆弱なものとし、病虫害の流行で壊滅的な打撃をうけることになる。そのためにますます強力な農薬が開発され、作物の遺伝子操作がおこなわれ、食品の安全性はますます損なわれることになる。この過程は、生産の効率性を高めるために大規模に集中的に管理し、化学物質やホルモン剤、病気予防のための抗生物質薬品、あるいは病原菌に汚染されているかもしれない肉骨粉などをふくむ合成飼料によって短期間に飼育をはかる《畜産》についてもいえることである。

土壌をゆたかにする有機肥料を基本に、異なった作物や異なった品種を空間的・季節的に交互に栽培する循環的で持続的《サステーナブル》な農業という、地球の生態系をささえる方向に転換しないかぎり、人間の農業に未来はない。緑ゆたかな広大な牧草地でのびのびと飼育する、ことばの本来の意味での《牧畜》も同じである。農法としては、これはまたわが国の伝統的な農法であったのだが、このことについてはあとで述べよう。

いずれにせよ、超国家的なものの力によって強制される農業のいわゆる近代化と大規模化は、食品の安全性の問題だけではなく、また食品としての質や味のいちじるしい低下だけではなく、このように生態系を破壊し、農業そのものの危機をもたらし、いずれ食糧危機を招来して人類の生存さえも脅かすにちがいない。生物としての人間存在を養う基本としての農業や牧畜が、人間存在を危険に陥れるという近代社会の根本的矛盾のひとつがここにある。

資本主義とはなにか

近代文明を終焉にむかっておし進めているこの超国家的なものの力とは、結局近代資本主義という経済制度に還元される。

資本主義という制度はどこにでも存在した。わが国でも江戸時代、株仲間という共同出資者がもちよった資本にもとづいて、商業や流通サーヴィスがおこなわれていた。だがそこでは株仲間は、すでに述べた《私の共有性》にもとづく親密な共同体であって、信仰共同体である《講》と類似のものといえた。伊勢講、富士講など信仰を同じくするひとびとが、物見遊山をかねたヤシロ（富士山はそれ自体ヤシロである）詣でのために共同で金銭を積みたてる経済行為をおこなっていたように、株仲間は経済行為が主であったが、信仰をともにする共同体でもあったからである。近代以前にあっては、金銭的利潤をあげる経済行為も、一般におこなわれていた盆暮れの贈与——今日でも贈り物のうえに添えられる熨斗（のし）は宇宙論的意味をもっていた（北沢　一九九三年　九八頁以下参照）——と同じく、モノの交換をともなう霊力の交換にほかならなかった。「金は天下の廻りもの」という諺も、本来、金というモノの流通や交換にともなう霊力の交換を暗示していた。

近代資本主義も、その出発点においては、江戸時代の資本主義とそれほど大きく異なっていたわけではない。マックス・ウェーバーは、神のコトバ（ロゴス）を現世において厳格に実践しようとするプロテスタンティズムの禁欲的倫理が、神の贈り物である利潤を浪費せずに蓄積し、再投資するという近代資本主義の原理的構造を生みだしたとしている。禁欲主義と非禁欲主義とのちがいはあれ、両者にさほどの差異はない。だが、近代資本主義が、近代キリスト教の言語《ロゴス》=理性中心主義に由来する《形式合理性》をその基本的性質とする点で、両者は決定的に異なっている。

ウェーバーの用語である形式合理性とは、特定の価値に対応して事物の合理化をはかる価値合理性や、近代資本主義を生みだしたプロテスタントたちがロゴスにしたがって合理的に行為するといった実践合理性などと区別され、事物の固有の意味や価値にかかわりなく、その事物のもつ形式が合理的であることとされる。つまりいったん成立した近代資本主義は、そこにプロテスタント禁欲倫理が存在するかどうかにかかわりなく、ひとつの形式として、合理的というよりも合理主義的性質をもち、したがって非キリスト教世界においても同じ形式合理性をもつものとして成立しうる、ということである。いいかえれば、形式合理性は、価値や文化のちがいを超えた《普遍性》をもつということになる。

それは経済制度だけの問題ではなく、芸術や教育あるいは知の領域すべてにわたる近代文明全体の問題であるが、いまは近代資本主義に限定して話をすすめよう。

すなわち、利潤の蓄積と投資というメカニズムが設定され、それが需要と供給にもとづく商品の交換の場である市場で、それらを交換価値として取引する主体となる。人間の経済活動はたとえ諸個人の利己的な欲求でおこなわれるとしても、需要と供給の動的な均衡によって、全体として経済的合理性をもつものとされる。こうして確定された資本主義経済の体系は、ひとつの全体性として《形式》

となる。すべてはその形式にとって合理的であるかどうかの問題となり、その形式にとって非合理的なものは排除される。これが形式合理性である。

かつてのいわゆる社会主義経済体系も、近代的体系として形式合理性をもつものといえよう。だがそれは、形式合理的であるとしても、市場に作用する《見えざる手》を欠く点で、経済的合理性においてははるかに劣るものといえるであろう。しかし問題は、近代資本主義の利潤追求のメカニズムは、経済的合理性を超えた極度の形式合理性となり、いわば巨大な経済的オートマトン（自動装置）となって世界に君臨することである。

つまり近代の知が、主観性の透明なガラス箱に閉じ込められることによって、感性や身体性を失った《蒼ざめた知》となったように、近代社会は、このオートマトンと化した形式合理性の体系によって、ひとびとの真の欲求や生き方にまったくかかわりのない、数値化された抽象的な経済体系という透明でグローバルなガラス箱にひとびとを閉じこめ、社会を《蒼ざめた社会》としてしまったのだ。

蒼ざめた社会の終わり

そのうえこの《蒼ざめた社会》は、巨大な経済的オートマトンによって、近年の環境保護のさまざまな掛け声や努力にもかかわらず、化石燃料や鉱物資源、あるいは水資源や森林資源などの浪費のうえに依然として成立し、地球環境の破壊を推進し、他方、さまざまな汚染物質やいわゆる環境ホルモンなど、生物の生存を危うくする化学物質を撒き散らし、未来に暗い影を投じている。近代文明は、死にいたる病のもとでますます蒼ざめていく。

しかもこうした状況の変革をさまたげているのは、すでにみてきたようにグローバリゼーションを指向する超国家的なものと、それに追随する国家的なものであり、さらにそこで、国家の主権を超えた超国家的なものの私権と、肥大した無限の欲望につきうごかされる諸個人の私権の主張が、近代社会の出発点でかかげられていた公共の福祉や市民的なものの理念を崩壊させている現実である。

主観性の透明なガラス箱のなかで袋小路に陥った近代の知は、こうした状況を正確に把握することも、分析することもできない無力感にさらされている。人間の合理的経済行為を前提としてきた経済学は、少数の例外を除いて、合理的経済人としてのホモ・エコノミクスの存在を超えて作用する超国家的なものの力や、それによって引き起こされる非合理的な擾乱や混乱——すでに述べたように、合理性の貫徹がこうした非合理性を生みだすのだが——を認識することに失敗した。近年流行のカオス論を応用した複雑性の経済学にしても、この袋小路を打開するにはいたっていない。なぜなら、カオス論やフラクタル論は、自然現象に対応する理念型ではあるが、生態系から切り離された自律的な系であるだけではなく、欲望や文化、あるいは情報や知によってうごく複雑系である人間の社会に、直接適用しても有効ではないからである。

いずれにせよ、あらゆる領域で形式合理性を徹底すればするほど、非合理性を増大させるという近代社会の法則は、いまもなお恐るべき支配力をふるっている。われわれはこの近代的な合理性信仰に囚われているかぎり、この二律背反から脱出することはできないであろう。

さらに問題は、この二律背反がつづくかぎり、蒼ざめた知や蒼ざめた社会がますます創造力を失い、蒼ざめていくだけではなく、人間そのものを蒼ざめさせ、その内部に非合理性を蓄積し、増大させていくことである。それは観念の問題ではない。近代の知が感性や身体性を失い、主観性のガラス箱の袋小路にさまよいはじめたように、また近代社会が人間の疎外や物象化によってその理想を喪失し、形式合理性の迷路に踏み込んだように、近代の人間は、自己の全体性を疎外され、存在を物象化され、したがって感性や身体性を失い、人間としての連帯性を喪失し、肥大化した欲望と近代理性との深刻な分裂と葛藤にゆれうごき、状況を判断し、分析し、ときには反逆する力をもなくし、グローバリゼーションの波涛のなかで波のまにまに漂う存在と化しはじめている。

われわれは次章で、この《蒼ざめた人間》について考えてみよう。

第三章　蒼ざめた人間

人間とはなにか

まず、人間とはなにかが問題となる。

ホモ・サピエンス・サピエンスについての人類学的定義や、数百万年にわたる人類史についてはさておき、近代の人間について考えてみよう。なぜならそれは、近代以前あるいは非近代とは異なった《近代的自我》および《近代的アイデンティティ》をそなえた人間であり、蒼ざめた知と蒼ざめた社会のなかではぐくまれた、いわば蒼ざめた人間だからである。

たとえばわが国では、古語でヒトは、モノや他の生物と区別された人間を意味した。だがその身体は、他の動物や植物と共通する自然としてミと称し、のちに漢字が導入されてから、人間や動物の《身》と植物の結実としての《実》とを書き分けるようになった。同時にヒトは人間一般であるとともに他人をも意味し、自己を指すときはワレやオノレなどと称したが、それは一人称であるとともに眼前の他人を指す二人称でもあった。

この一見混乱した用語法は、しかしながら古代の人間の概念やその社会的意識をみごとに伝えている。すなわちミは、人間もこの大自然の生態系の一部であることを告知しているし、ヒトは他の動物と異なった記号にもとづく文化をもった存在であることを示すとともに、その特質を性別を超えて万人が共有していることをあらわしている。ワレやオノレが同時に一人称と二人称であることは、フロイトを批判的に脱構築したジャーク・ラカンが、近代的な自我や主体概念を超えようとして、《(自己の)無意識とは他者のディスクール(論述)である》、あるいは《他者は(自己の)無意識の鏡である》とした言説を、数千年もまえに明示しているといってよい(Lacan 1966. p.16)。

言語は、人間の思考を支配するもっとも基本的な記号体系のひとつである。動物にはそれぞれの言語があり、集団での生態や類人猿の母系・父系の親族体系など、固有の文化や社会体系もある。だが人間だけが記号の諸体系をもち、それによって思考し、社会を成立させている唯一の動物である。母音・子音の分節された音韻とその組み合わせとしての音素《フォネーム》、語や接辞詞などの形成をつかさどる形態素《モルフェーム》からはじまって文法や構文法にいたる整然とした分節言語は、人間の思考体系を飛躍的に複雑化し、抽象化した。

言語記号だけではない。音程やリズムの分節からはじまる音記号、パターンとしての基本的な形とその複雑な組み合わせから出発する形態記号、あるいは光と闇または白と黒という二分法からはじまり、自然の連続する階調を基本的カテゴリーとその変換形に分節する色彩記号など、事物の認識にかかわるすべてのものは、人間においては記号化されている。

ひとつの種族にとっては、これらの記号の諸体系は、相互に関連しあってひとつの世界観または宇宙論を編みあげ、その網の目のなかでひとびとは、事物の統合的な意味や解釈を手にしていた。先の例でいえば、ワレの語が同時に自己であり、対面している他者であることは、自己と他者との区分が失われることではなく、自己と他者が相互に鏡となって相対し、その鏡に映る世界を共有していることを意味した。

　したがってひとつの統合的な記号体系のなかに生きていることは、まったく無意識にその宇宙論や文化を生きていることであり、それによって構築された社会体系のなかで生きていることであった。こうした生き方は、自我や自己主張あるいはアイデンティティなどという概念とはまったく無縁のものであった。ラコタ族やトリンギット族のように、強烈な個性の主張があっても、それは近代的自我や自己主張ではありえなかった。なぜなら、そこには日本の古代のワレやオノレの語が示しているように、相互が鏡であるような世界の共有性、あるいは前章で述べた《私の共有性》があったからである。

　たしかに言語が異なれば記号体系の網の目は異なり、したがって彼または彼女がみている世界は異なることとなるが、私の共有性のうえに世界をみるそのやり方は人類にとって普遍的であるといってよい。だがプラティーク（無意識的行動）レベルとしての私の共有性が失われるやいなや、記号の諸体系の網の目も消失し、それぞれの記号体系とりわけ言語は、諸個人のプラクシス（意識的行為）の記述と化してしまう。人間相互のコミュニケーションは、こうした記述の解読作業となる。

　ここに近代人の孤独と不安の根源がある。

言語の分裂

　ワレやオノレの例が示しているように、人間のアイデンティティは、対面する自己と他者との差異だけではなく、ひろく性、世代、地域、氏族や種族などの他者との差異を前提にしながら、同時に先に《私の共有性》と名づけたプラティーク（無意識的行動）レベルの同一性をともにするなど、多重性を包含する統合性をたもっていた。

たとえ対面している相手が他種族の客であっても、種族的アイデンティティの差異を前提としながらも、なんらかの儀礼をともにすることによって、そこに私の共有性つくりあげることは可能であった。わが国の茶の湯、北米インディアンのカルメット（儀礼用煙草管）などがそのことを証している。

ところが、このプラティーク・レベルの同一性が失われることによって、多重性は分断的または分裂的なものとなって出現する。根本的な同一性は、もはやおのれ自身の意識でしかない。これが、他のすべてを疑うことはできるが、自分が思考しているという事実は疑うことはできないとした、デカルト的主体にほかならない。つまりデカルト的主体とは、無意識のアイデンティティの崩壊と分裂の産物なのだ。

すなわち、プラティークのレベルでの私の共有性、つまり言語学的には意味論的共有性は失われたとしても、言語を発話するなどの無意識の統辞論的構造は存続しつづけるが、瑣末な日常的発話を除いてほとんどがプラクシスのレベルでの発話となると、言語体系そのものがそのようなものへと変換されてしまう。母語から自国語またはいわゆる標準語への《進化》がそのことを示している。

母語は、たとえクレオールのように自発的に生成した人工語であろうとも、私の共有性のうえに成り立ち、したがって具象的で感性的なコミュニケーションを可能にする。だがナショナリズム・イデオロギーの興隆とともに生成した自国語は、そうした基盤をしだいに離れて抽象性を高めていく。国家的諸制度や法体系の合理的整備がそれを要請するだけではなく、諸個人の意識のレベルでのコミュニケーションの必要性がそれをいっそう促進する。

たとえばわが国のいわゆる標準語は、明治近代国家の成立とともに成立し、整備されていったものである。農民や町人の移住や移動をきびしく制限した閉鎖的幕藩体制のもとで、地方の文化や言語は独自性を強め、国境いを越えるとほとんど言語が通じないような状況であったのが、近代国家の成立とともに《文明開化》と称するある種の国民的統一性または同一性が必要とされ、言語の統一が強制されることとなった。

明治政府を創設した薩長土肥連合の人士相互の言語的コミュニケーションさえ容易ではなく、したがって旧江戸の士分のことばを基礎に、法体系や諸制度の整備に必要とされた多くの翻訳語を交え、標準語は一種のクレオールとして急速に成長していった。だがそれは、東京に急激に集中しはじめた地方出身者にとって、あくまで外国語でしかなかった。この状況は、義務教育での標準語の強制にもかかわらず、ラジオ・セットが普及する第二次大戦後（ラジオ放送がはじまったのは一九二七年であるが、高価なラジオ・セットは庶民のものではなかった）まで変わらなかったといえる。

たしかに近代語としての国語や標準語は、高度に抽象的な思考を可能にし、その結果科学や技術の進展に大きな役割をはたした。だが、母語としての方言（沖縄の諸語は日本語と祖語はおなじだが、ほとんど外国語である）やその文化のなかで育ってきたひとびとにとって、それは私の共有性を喪失し、感性や具象性のほんとうの基盤を失った異言語《エイリアン・ランゲージ》、いいかえれば自己疎外的言語《エイリエネイティッド・ランゲージ》にすぎない。

すでに第二章で指摘した近代社会における人間関係の変化や疎外あるいは物象化とともに、この言語環境の変化が、ひとびとの不安と孤独の源泉になる。事実、漱石や藤村から三島由紀夫や安部公房にいたる日本の近代文学は、急激な近代化がもたらしたさまざまな社会的・人間的なゆがみに由来する不安や孤独とともに、この自己疎外的言語によって自己疎外を克服しようとする矛盾と破綻を示している。

神話的思考の喪失

むしろ逆に、無意識の思考のレベルでの《私の共有性》とはなにかを明らかにすることが、近代人の不安と孤独の根源を照射することになるかもしれない。

たとえばわが国の古代の枕詞である。《ひさかたの》という枕詞は、おそらく《永遠の》の意味をもっていると思われるが、天（アメ）と天にかかわるすべてのもの、つまり日（太陽）、月、星、天の川（銀河）などの諸天体、またそこから射す光、降る雨、あるいは月の男神が天地を昇降する桂の樹（そこから派生して地名の桂）など、天にかかわる神話的事物すべての名詞に冠する形容詞として使われた。

とりわけ、光と雨といった気象学的には正反対の現象に、この枕詞が使われているのは象徴的である。なぜなら古語で天はアメであって、そこから降る天の水がアメ、つまり雨にほかならないからである。銀河は「天の安の河（アメノヤスノカハ）」とよばれ、「天の川」の省略形で親しまれていたが、その泡立つ（ヤス＝多くの瀬〔八瀬〕のある）流れは、夏至の宵、東南の水平線の彼方に天の水を注ぎこむものと考えられてきた。したがって遠い海の彼方もアメまたはアマと名づけられ、遠い海に船出する漁師もアマと称されていた。いまではアマは素潜りの女漁師を指すが、それは天の女神（アマヲトメ）の象徴であるアワビを取る使命から、かつてアマヲトメとよばれた名残りである。

いずれにせよ、稲作に不可欠な夏の豊富な降水は、東南の水平線の彼方にある永遠の国《常世《とこよ》》の守護神であり、天と地の媒介者である雷神の手によって、この天の水が雷雲から降り注ぐ地の水に変換され、もたらされると考えられていた。したがって枕詞《ひさかたの》は、このように人間に恵みをもたらす神々の力、つまり神々の和御魂《にぎみたま》を賛えることばであって、神々の恐ろしい力、つまり荒御魂《あらみたま》を畏怖する枕詞《ちはやぶる》と対称的に宇宙論的イメージを構成していた。

こうした思考体系をわれわれは神話的思考と名づけるが、それがどの種族にあっても、私の共有性の根底であった。

しかし誤解してはならない。構造主義をはじめて紹介した頃の私自身の反省をこめていうのだが、神話的思考は、誤って考えられているように、科学的思考と対立するものではけっしてないということである。古代人や誤って未開とよばれてきたひとびとは、現代の専門家とまったく同じすぐれた自然観察者であり、驚くべき精密な天体観測や詳細な自然の分類体系を築きあげてきた。いまもなおそれぞれの専門家たちを驚かせている薬草学や医術も、こうした自然科学的思考から生まれた。神話的思考とは、この科学的思考と重ね合わせて、自然全体に別のレベルで宇宙論的解釈をあたえたものである。

両者のちがいは、神話的思考がプラティーク・レベルの構造であるのに対して、科学的思考は、つねに分類体系などの枠組を参照する点でプラクシス・レベルにあることである。

しかしデカルト的主体の確立は、ワレやオノレのなかの意識作用のみを優位におく結果、自己と他者をつなぐ無意識の紐帯を切断し、《近代的自我》をつくりあげる代わりに神話的思考を排除することとなる。神話的思考は過去の追憶にすぎなくなり、科学的思考のみが意識作用やいわゆる理性にかなうものとなる。

さらに近代に固有の知のありかたから、科学的思考は口伝ではなく、かならず《書かれたもの》として外化され、蓄積されるため、ひとびとの知は逆にきわめて曖昧なものとなり、書物や知識媒体なしには思考することができなくなる。主観性の透明なガラス箱も近代的自我とその先入観の霧でおおわれ、世界は統合的な意味を失い、現象の断片となって出現する。

近代人の孤独と不安

二十世紀の初頭に書かれたライナー・マリア・リルケの『マルテ・ラウリッツ・ブリッゲの手記』

は、この《私の共有性》を喪失し、他者との絆を切断され、孤独と不安のなかに投げだされて漂流する近代的自我と、その内面に映ずる世界をみごとに描きだした文学作品である。

パリの町に住みはじめた主人公は、都市の喧騒が自分を押し潰し、街路のいたるところに死の匂いを嗅ぎつけ、不安と恐怖に駆られる。彼をささえるのはデンマークの田舎にあった祖先の館での幼少時の思い出と、歴史の闇に埋もれていったいくつかの挿話を思いだすことであった。このことは意味深い。つまり彼は、鋭いガラスの破片のように彼に襲いかかる現象の断片を払いのけながら、かつて世界の根底にあったものを必死で探りつづける。つまりそれは、それぞれの個性的な生や死を織り成していた歴史の綴れ織にほかならず、それはまた、つねに私の共有性または神話的思考の強靭な縦糸でつづられ、一体を成していたことである。だがいまやそれは、孤独な個人の断片的追憶としてしか残存していない。

この本で表現されたリルケ自身の実存的な不安と孤独は、のちに『ドゥイーノの悲歌』や『オルフォイスの十四行詩』など、ゲルマン神話やギリシア神話など西欧の神話的思考の源泉にいたる探求、つまり私の共有性回復への努力によって克服されるにいたる（そのことがまたある種の非合理性として誤解され、第二次大戦後のドイツ語圏におけるリルケの不当な評価につながるのだが）。

またこの本では、とりわけ死についての考察が興味深い。つまり表面的にはそれは、近代人の死生観であるが、近代的自我にとって死はつねにデカルト的主体の終わり、いいかえれば世界の消滅を意味する。したがって死は、きたるべき最大の恐怖となる。だが、古代人あるいは誤って未開とよばれているひとびとは、そのようには感じない。なぜなら、たしかに近親者の死は、ひとびとに悲しみと苦痛をあたえるが、死は本人と近親者にとってひとつの終わりではなく、現世から他界へ、他界から現世へと永遠につづく循環のひとつの区切りにほかならないからである。

わが国では死者の魂は、蝶の姿となって海の彼方の常世へと飛び去り、また死者の祭りであるお盆には、その姿で回帰する。ホピでは死者の魂は、埋葬された死者の胸から地上に突きでた葦の管から抜けでて、雲のうえに飛翔し、祖霊一般、つまり《雲のひとびと《クラウド・ピープル》》となる。いずれも現世のひとびとを見守り、また赤児となって現世に回帰する日を彼方から待ちつづける。

近代的自我にとってたんなる自己の消滅として無意味なものとなった死は、同時に生の無意味化をまねく。なぜなら、人間にとってすべての事物は記号の対称《シンメトリー》として存在しているがゆえに、一方の無意味化は他方の無意味化を論理的にもたらす。死の無意味化の他方で生に意味をあたえようとしても、それは主観性のガラス箱に閉じこめられた自我の幻想をつくりだすにすぎず、他者と共有する意味とはならないからである。

これが近代に固有のニヒリズム（虚無主義）の根源である。

近代のニヒリズム

近代に固有のニヒリズムとは、ひとつの思想であるよりは、《世紀末《ファン・デュ・シエクル》》と名づけられた一時代に典型的にあらわれたような、近代の基底に流れる気分であるといってよい。それを逆に、近代の全否定の思想として鍛えるべく力業にいどみ、挫折したのは、いうまでもなくフリードリヒ・ニーチェであった。

ニーチェのニヒリズムは、フランス革命以来の人間の自由・平等・友愛を求めるルソー的理想の追求にすべて挫折し、社会主義革命を夢想する一部のひとびとを除いて、頽廃と停滞におおわれた十九世紀後半に生まれた。それは、この世の救済を標榜するキリスト教を偽善と断じ、《神は死んだ》と宣言し、生も死もふくめ、すべては虚無から虚無へと循環する《永遠回帰》の過程にあるとし、そのなかでよりよい生をえらぶためには、《力への意志》によってみずからを鍛え、克服し、《超人《ユーバーメンシュ》》となることだとした。

世紀末をおおう生の無意味化としての弱々しいニヒリズムに対して、彼はそれを力で打ち砕き、ニヒリズムの自己克服としての強力なニヒリズムを説いた。手段としては徹底した合理主義を信奉した二十世紀のナチズムが、この《力への意志》の非合理主義にイデオロギー的な木魂をみいだしたのも、ゆえなしとしない。

いずれにせよ、非合理主義が合理主義の反転形でしかないように、この《超人》のニヒリズムは、主観性のガラス箱に映ずる力の幻想として、近代的自我のたんなる反転形でしかない。そこに《永遠回帰》のように、ショーペンハウアー経由のインド哲学の断片的用語がちりばめられているとしても、それは東洋の《無》の思想とはおよそ無縁である。

たとえば老子にとって無とは、形をなすかなさないかのちがいで、有と記号的対称を形成するが、万物の根源としての母なるものであり、それらをつかさどる自然の法としての道《タオ》と一体をなすものである。無は創造と変転の源泉であり、ほとんどスピノーザのいう実体《サブスタンス》と同じ概念であるといっても過言ではない。

同じ『有と無』(これはサルトルの書物の題名〔『存在と無』と訳されている〕である)という記号的対称でも、ニーチェから実存主義にいたるニヒリズムでは、無は絶対的な無であり、そこからなにも生みだすわけではなく、またブラック・ホールのようにすべてを吸いつくすわけでもない。

デカルト的主体がつくりだした死の無意味化と、それが必然的にもたらす生の無意味化は、主観性のガラス箱という認識論的な限界によって生みだされただけではなく、産業革命以後の近代資本主義体制の完成と、そのために必要とされた近代国家やそのナショナリズム・イデオロギーの整備による、人間の疎外と物象化によって拍車をかけられたためであることはいうまでもない。

死との対称性を失った生

死との対称性を失い、必然的に無意味化した生にとって、生きることそれ自体が目的となる。生を意味づけることに無力な自我は、主観性のガラス箱に閉じこもったまま、そこに映ずる現象を合理的・観念的に判断することで、辛うじて自己意識を保つことになる。しかもその判断の多くは、マス・メディアの論調の無意識の借用にすぎないが、そのことはあとで述べよう。

他方で主観性の外におかれた身体は、かつて宇宙論的統合性のなかで持続していた精神との意味の絆を断たれ、自己意識にとってもモノと化すだけではなく、漂流状態におちいる。身体は身体の論理にしたがって動きはじめる。いうまでもなくそれは、欲望である。

しかし誤解してはならない。かつての社会にあっても、人間は欲望の充足のために生きていた。だがそのとき、欲望は生物学的にきわめて自然な欲望であり、それを充足することは社会的規範を越えることでもなく、まして他者の人権を侵害することでもなかった。なぜなら、たとえ性や食といった基本的欲望であろうとも、そこには他者との相互尊重の柔軟なルール――社会的・外面的規制ではない――があり、欲望にはおのずから節度があったからである。

近代社会では異なる。欲望はそのような人間相互の統合的絆から切り離され、自己の身体の欲するままの自律的なあゆみをはじめる。主観性のガラス箱に閉じこめられた自我は、ラカンの指摘するように、他者を自己の投影としかみることができないため、自己の欲望の解放が他者の私権や人権の侵害になろうとも意に介さない。

モノに対しても同じである。かつての社会では、モノは個人の所有であったとしても、現象的にも生態的にも宇宙や社会の循環のなかに位置づけられていた。わが国では、すでに述べた《金は天下の廻り物》、あるいはモノではなく子供にかかわるが、《腹は借り物》などということばが、こうした考えをあらわしていた。つまり、自分が手にしたモノは、たとえ自己の所有であっても近代的な私有ではなく、他界をふくめた世界からの預かり物である。あるいは、子は特定の母親の腹から生まれるが、それは他界からの授かり物であり、社会全体の宝である、と。

近代的自我の主張と近代に固有の私有制は、このような考えを解体する。モノも子供も世界の意味の関連から切断されたモノまたは生き物であって、しかも個人の私有物なのだ。《幸福追求の権利》の保証とあいまって、モノの私有の増大が幸福の増大であるとする幻想が振りまかれる。とりわけ第二次大戦後の大衆消費社会の登場や、近年のグローバリゼーションにもとづく完全な自由市場の幻影は、性や食といった基本的欲望からモノの購入、あるいは健康管理や不妊治療など生活維持の問題にいたる、近代人の欲望を限りなく肥大させている。

とりわけ映像メディアやインターネットの普及は、企業の広告だけではなく、生活に関連するさまざまな取材映像を通じて、自己のレベルを超えた豪華な生活への要求や憬れを刺激し、欲望を増大させる。たとえば食に関していえば、四季を問わず常備された食材やインスタント料理のパックなどが華やかに陳列されているスーパーマーケットは、これらの映像が振りまく高級レストランなみの料理が、いつでも手軽に家庭で実現できるとする幻想をあたえ、欲望を刺激する。すでに述べたように、それらにふくまれる残留農薬や化学的食品添加物、あるいは病原菌やヴィールスなどが健康を損ない、内蔵癌や免疫不全によるさまざまな病気、ときには直接生命を脅かす事態に直面するまで、欲望は肥大しつづけてやまない。

問題はそれだけではない。

文化の恐るべき画一化

そのうえこうした食のグローバリゼーションは、言語とともに固有の文化の主要な構成物である味覚によるコミュニケーションを破壊し、食文化に恐るべき画一化をもたらす。

かつて日本人は旬、つまり季節の食べ物を大切にするといわれてきた。たとえば初夏の筍、中秋の松茸である。炊きこみ御飯をはじめとして、さまざまに料理され、それぞれに独特の香りと味覚をあじわうが、それらはたんに季節の食べ物であるだけではなく、味覚を通じてそれぞれの季節の世界を感じ、食事をともにするもの相互の文化的コミュニケーションをはかる手段であった。

季節の世界といっても、それはたんなる季節の光景ではない。竹はすでに『古事記』や『日本書紀』に登場する神話的植物であり、天の二上山《アメノフタガミヤマ》（カシオペイア座）の麓に生えた竹藪は、天の川（銀河）の水源であった。したがってそれは、イネ科の植物とともに天の象徴であった。タナバタの祭りに、願いごとを書いた短冊を結んだササ（竹の小枝）を立てるのも、それが天の女神（天乙女）の祭祀だったからである。筍は、稲作に不可欠の夏の豊富な降雨を予兆する作物であり、稲の成育を保証する天の生命力の象徴であった。

他方、松は地の象徴であり、とりわけ海辺に生育する黒松は、海の彼方にある常世《とこよ》の国の象徴であった。いまもなお能舞台の背景となる鏡板に、苔むした老松が緑の枝を張るのは、能が基本的に常世からの使信を伝えるものであることを示している。常世の守護神であり、能の『老松《おいまつ》』そのものでもある雷神は、夏の気象をつかさどる神でもあるが、秋の松茸は、梅雨末期の洪水や秋口の台風も荒れることなく、秋の豊作をもたらしてくれたこの神の贈り物であることを物語っている。

旬としての筍や松茸をあじわうことは、味覚によるコミュニケーションを通じてこのような神話的宇宙論をあじわうことでもあった。

だがスーパーマーケットの食材売り場や、乱立するファスト・フード店に代表される食のグローバリゼーションは、こうした固有の食の文化を徹底的に破壊する。旬によって養われてきた季節によって異なる微妙な味覚がひとたび失われると、その回復は困難である。一見多様で豊富にみえるグローバルな食材は、ファスト・フードが典型であるように世界のどこでもいつでも同じ味を提供する結果、ひとびとの味覚は逆に退化し、画一化する。

固有の食文化や、それをささえてきた味覚の喪失は、けっして小さなことではない。味覚にかぎらず、文化を構成してきたすべての感覚の鈍磨は、それにもとづく人間の感性を失わせ、一文化を消滅させる。それに代わるグローバルな文化などというものは、幻影またはせいぜい虚構の文化にすぎない。文化の多様性の消失は、人類の文化的死滅を意味する。

身体性の喪失

他者との差異を強調し、独自性を主張する近代的自我は、こうした感覚や感性の喪失にきわめて鈍感である。なぜならそれは意識と観念のなかにしか存在しえず、身体性の基盤をもたないからである。近代的自我の確立は、身体性の喪失と同義語であるといってもいいすぎではない。

その結果、近代人にとって自己の身体そのものが他者となる。しかもそれは、デカルト的二元論によって優位にある精神が、自己の意のままに統御できると信じる他者である。しかし心身の不可分性から切り離され、他者となった身体は、もはや自我または精神の統御のもとにはおかれない。なぜなら、たとえばヨーガで、肉体が精神の意のままに動くようにみえるとしても、それは心身相互がたがいに送られる信号を不断に解読し、密接で不可分なコミュニケーションをおこなっているからであり、心身の分断はそれを不可能にするからである。

他者となった身体は、自我や精神の指示にしたがって行動しながらも、自律神経系に依存した一個の生物体として、環境に受動的に適応して生きていくほかはない。大気や水や食品の汚染によって身体にとりこまれる有害な化学物質、また空調施設などの人工的な環境調節、あるいは過密な都市環境、抑圧的な職場環境、人間相互の自己主張の衝突などから生ずる強度の心理的ストレスは、身体の自然適応力や免疫や治癒に関する自己調整力を失わせ、自律神経系を狂わせ、内臓や循環器の機能を低下させる。身体は病原菌などに対する抵抗力を喪失するだけではなく、みずからの内に癌などの生態的あるいは病理的変異をつくりだす。

それは他者となった身体の反乱であるといっても過言ではない。この意味で近代という時代は、病気をつくりだす時代であるといえる。いわゆる先進諸国で産業革命がすすむにつれ（わが国では明治末期から）、化石燃料の大量で粗雑な使用からくる大気汚染に一因があると思われる肺結核の流行などは、その雄弁な事例であるだろう。いまや脱産業時代ともよばれる高度技術の時代に、身体の自然適応力や免疫力、あるいは自己治癒力の低下などにともなう細胞の病理的変異として癌が流行するのも、きわめて象徴的である。なぜなら、たとえば同じ大気汚染に一因があるとしても、産業革命時代の肺結核は外部の病原菌の感染から生じたのに対して、高度技術の時代の癌は、電子計算機やマス・メディアに囚われの身となった精神から切断された身体が、いわば細胞レベルでの情報交換の過誤から生ずる自己崩壊過程に巻きこまれることを意味するからである。

身体性の喪失は、このように身体そのものの荒廃をもたらすだけではなく、無意識のレベルを歪曲し、必然的に意識のレベルを混乱に陥れる。すでに述べた言語的または記号的な生の無意味化とあいまって、それは深刻なアイデンティティ危機となって出現する。

アイデンティティ危機

アイデンティティとは、人間の自己同一性である。序章で述べたように、古代または非近代社会では、それは無意識のレベルにプラティーク（無意識的行動）の源泉として存在し、したがってそれらの社会にはアイデンティティという語さえなかった。近代社会においても、この用語はごく近年の心理学的発明であり、そのこと自体が、近年のアイデンティティ危機の深刻化を証明している。

アイデンティティは、ひとりの人間の内面で、さまざまなレベルで構成されるある種の動的な多様体である。まず他者との相関性のなかでの自己の識別があり、また家族や地域共同体などの集団にかかわる自己のトポス（位相）がある。さらに成長とともに明確になる女か男かという生物的性（セックス）の自己識別、そのうえに展開する文化的性としてのジェンダーの自己認識、ジェンダーの自己認識とも深くかかわる種族的自己認識あるいはそのなかでの世代的または歴史的自己認識など、それは多層化し、相互に動的な関係をたもっている。

ワレまたはオノレの語に関連して述べたように、非近代社会では、自己はつねに他者との相関性のなかにあった。プラティーク・レベルでの《私の共有性》が自己と他者との強固な絆を提供し、その相互理解のうえでの両者の差異の、ほとんど無意識な自覚（一見語義矛盾のようであるが）が、アイデンティティの語をともなわないアイデンティティの出発点であった。

だがデカルト的主観性や近代的自我の確立は、プラクシス（意識的行為）を至上のものとすることによって私の共有性を消滅させ、他者との強固な絆を断ち、他者との相関性にもとづく自己のアイデンティティを崩壊させる。自我は、他者およびモノから切り離された自己意識という不確かなものにアイデンティティを求めざるをえない。それは、みずからの存在をみずから証明するという矛盾、あるいは逆に、《私はクレタ人だ、クレタ人は嘘つきである》という自己言及の逆理にほかならない。まずここに、アイデンティティ危機の根源がある。

そのうえ私の共有性の消滅は、ジェンダーの自己認識にも深くかかわる種族的アイデンティティの消滅を意味する。

すでに述べたように、種族的アイデンティティはナショナリズムのような近代的イデオロギーとはまったくかかわりない。つまり国家への帰属意識（まさしくプラクシスである）は、後述するように擬似アイデンティティであり、国家という擬制に収束する個人の意識であるが、種族的アイデンティティは、すでに指摘した種族の神話的思考とその宇宙論から流出するものであり、個人は逆にいわばその無意識の大海にひたっているだけである。旬の食べ物について記述したように、それはすぐれて感覚や感性あるいは身体性の問題であって、意識に昇ることはほとんどない。

そのうえそれは、ジェンダーにかかわるアイデンティティと不可分であり、それと交叉する世代的または歴史的アイデンティティと深く関連する。

性、セクシュアリティ、ジェンダー

人間にあっては、生物学的な性（セックス）と文化的な性別（ジェンダー）とは、概念的には明確に区別されながらも、不可分な関係にある。

まずジェンダーとはなにかが問題となる。それは自然の事物の科学的分類体系に対して、種族の宇宙論にもとづく神話的または文化的分類体系であるといえる。

すでにたびたび指摘してきたように、古代または誤って未開とよばれてきた社会では、天文観測から薬草学にいたる精密な自然科学的観察と、それにしたがった分類体系が存在していた。だがそのうえに神話的思考は、ジェンダーによる分類体系を築きあげる。

標準的ヨーロッパ言語では、名詞に男性・女性の区分がある。現在はその区分が消滅した英語でも、名詞を代名詞で受けるとき、彼または彼女のジェンダー区分が生ずる。たとえばラテン語から派生したロマンス語系の言語では、太陽は男性名詞であり、月は女性名詞である。それはギリシア・ローマ神話では太陽は男神、月は女神に分類されたことに由来する。ゲルマン語系ではジェンダーは逆になる。ゲルマン神話では、わが国と同じく、太陽は女神、月は男神だからである。ゲルマン系の古代英語ではドイツ語と同じジェンダーであるが、現代英語でその逆転が起きているのは、十一世紀のノルマン征服で英語にフランス語の語彙や思考が大量に流入したことによる。

中国では名詞の女性・男性区分はないが、その宇宙論にもとづき、万物は陰と陽、すなわち女性と男性に分類される。これは、動物などの雌雄にはまったく関係ない。ナバホ族でも同じであり、動的な事物はすべて女性、静的な事物はすべて男性に整然と分類される。たとえば晴れた日の白雲は男性、雨を呼ぶ黒雲や雷雲は女性である。わが国では生物的雌雄にかかわりなく、キツネのジェンダーは女性であり、タヌキは男性である。抽象的事物、たとえば色彩のカテゴリーでは赤・黒は女性、白・青は男性であり、基本的聖数では三と七は女性、五は男性に分類される。

このように、各種族が万物を女性・男性のジェンダーに分類するのは、それらの宇宙論の根底に、父なる天（父性）・母なる地（母性）のジェンダーの二分法があり、両者の結合が天地の豊饒をもたらすとしているからである。

こうした神話的分類体系は、科学的分類体系と両立しているが、人間のアイデンティティや文化的事物を考えるとき、決定的な役割をはたす。つまり非近代社会では、生物学的な性についてのアイデンティティよりも、ジェンダーにもとづくアイデンティティのほうが重要となる。なぜなら自己のジェンダーは、種族の宇宙論に発する社会的分業に深く結びつき、種族的アイデンティティの基礎となるからである。母系トーテム氏族制のホピやナバホでは、母なる大地を表象する女たちが、生産や経済にかかわる現世すべてに決定権をもち、父なる天を表象する男たちが、儀礼や祭祀、またそれらと不可分の政治など、来世についての決定権をもつ。婿入りするため氏族のトーテム（神話的祖先としての特定の事物や生物）が変わる不安定な男たちは、所属する宗教結社のトーテムに最終的な帰属意識をもつことになる。

平原インディアンの諸部族に多くみられたベルダーシュという制度は、父なる天と母なる大地の中間の位置をあらわし、両者の媒介の役割をはたす。すなわち戦士となることを否認した男たちは、ベルダーシュとなり、日常的に女の服装をし、女の手仕事をする。だがしばしば誤解されるように、彼らは性的倒錯者ではなく、なかには女の妻をもつものもいる。しかし儀礼や祭祀では、彼らは祭司のもとで天と地を媒介する主宰者の役割をになう。

このように、これらの社会では、性的アイデンティティはジェンダーのアイデンティティの支配下にあり、したがって男と女の性のありかたや表現であるセクシュアリティも、宇宙論的なジェンダーの統御下にある。ジェンダーのアイデンティティがゆらぐことはなく、必然的に性的アイデンティティもゆらぐことはない。

さらに現世と来世の永遠の循環にもとづく宇宙論は、その時間の経過のなかで世代の交替をはかっていく。誕生、宗教結社の加盟儀礼、成人儀礼、結婚、長老への選出、そして死というライフ・サイクルと、このジェンダーのアイデンティティは不可分であり、それが現世・来世にまたがる自己の永遠の生命を保証する。

近代の性とジェンダー

しかし、このような《私の共有性》を崩壊させた近代社会では、事情はまったく異なってくる。それはまず、性アイデンティティの危機となってあらわれる。なぜなら、ジェンダーのアイデンティティという裏付けをもたない性アイデンティティは、生物学的欲望にしか支配されなくなるからである。そのうえ、もはやアイデンティティにかかわらなくなった文化的性別としてのジェンダーは、外的で社会的な規制や規範となって身に降りかかってくる。たとえばかつて宇宙論的ジェンダーの識別のためにあった男女の服装は、世俗の社会的で性的な分業や機能のための識別の指標にすぎなくなる。とりわけ近代の西欧のように男性中心社会であれば、女は男に対してますます性的な魅力をふりまく服装を要求され、ジョルジュ・サンドのようにそれを拒否する女は、みかけだけで性的倒錯者とされる。服装だけではない。すべての行為や行動の規範として、《男らしさ》《女らしさ》なるものが要求され、そこから逸脱するものは疑いの目をむけられ、ときには社会的制裁をうける。

外化されたジェンダーはまた、男優位の性別役割分業として制度化される。つまり産業革命以後、機能的に細分化され、物象化された単純労働の必要と、工業地帯への人口の移動から生じた核家族のなかで、男は外の企業での労働、女は家庭内で家事と育児という分業が確立していく。産業にとって好都合なこの制度的分業が、あたかも古代から存在したかのような幻想が振りまかれ、それがまた確固とした規範となってひとびとを拘束する。脱産業社会にむかって情報産業をはじめ産業の形態が多様化し、高度成長によって労働力不足があきらかとなった近年、女の労働力や創造性を家庭に閉じ込めておくことの不利益に気づいた国家的なものや超国家的なものが、ようやくこの枠組を打破する必要を感じはじめたのだ。

人間にとって、自己の内部から奪われ、外化されたものはすべて桎梏となるといっても過言ではない。近代社会でのジェンダーも、例外ではない。

さらに、自然な生物的欲望というよりも、メディアや消費社会によって肥大化した性的欲望に支配された性アイデンティティは、ジェンダー・アイデンティティの裏づけを喪失した結果、きわめてあいまいで変動的なものとなる。性アイデンティティは男の場合、男らしさの誇示や異性との性交渉時にのみ自覚される結果、家庭内暴力をひき起こし、欲望や愛情の有無にかかわらずたんに性行為の相手としての異性を追い求めることになる。いいかえればアイデンティティ不在の空虚さをおぎなうため、一個の人格をもった他者ではなく、たんに自己の鏡像としての異性を求めるという倒錯が生ずる。

このような倒錯が一般化した社会では、むしろ男女それぞれの同性愛者のほうが、他者の尊重という点ですぐれているといえるかもしれない。ただ、《男らしさ》の過剰な表現であった過去のわが国の武家社会にみられた男の同性愛と異なり、現代の同性愛は、性アイデンティティの不安定というよりも、社会における理性の主張としての近代的自我と、隠された無意識の自己との分裂と矛盾に悩む人格の、根本的なアイデンティティ不安に由来しているといってよい。同性愛にともなう種々の偏見や社会的制約（それらは近代社会の外化されて桎梏となったジェンダー概念にもとづいている）を乗りこえることと自体が、アイデンティティ確立に寄与するからである。

このような社会では、性表現や行動としてのセクシュアリティも歪曲され、異常なものとなる。たとえば性犯罪である。かつてホピやナバホの社会では、性犯罪などというものは絶対的にありえなかった。セクシュアリティが母系氏族の女たちの主導下にあり、適用範囲がひろくきびしい近親相姦以外にほとんど制約のないこれら自由な性の社会では、暴力的表現や男の一方的な性的要求などは、考えることさえできない。しかし現代社会のとりわけ男の暴力的な性犯罪は、むしろ性アイデンティティの不安定や欠損に由来している。それは、暴力的に女を征服することによって、自己の《男らしさ》をみずからに証明し、性アイデンティティをむりやりに取り戻そうとする哀れな行為といってよい。

人格と人間関係の崩壊

すでにこのジェンダーと性アイデンティティの崩壊のなかに、近代的人間の人格の崩壊が示唆されている。

人格《パースナリティ》とは、自己の身体性を基礎に、理性と感性との相互の弁証法によって成り立つ一個の人間の内面的統合性といえよう。この人格の自己意識（無意識的なものであって、理性による意識化ではない）がアイデンティティであるともいえるが、ジェンダーや性アイデンティティの崩壊は、この内面的統合性を分断させてしまう。

人格の統合性の喪失は、それによって構成されていた精神をきわめて不安定にする。これが、これまで精神分裂病とよばれてきた近代に固有の人格分裂の病の源泉であるが、個人的な病というよりもそれは、プラクシス（意識的行為）とプラティーク（無意識的行動）のレベルが分裂し、価値観やイデオロギー対立によってプラクシスそのものが四分五裂した時代そのものを象徴する病というべきであろう。

非近代社会にも、痴呆のような遺伝性あるいは器質性の精神疾患は存在したが、健常者の地域共同体的集団のなかで、からかいなど多少の差別はあっても対等に扱われることによって、重度の人格崩壊などはありえなかった。だが心理的ストレスや抑圧の大きい近代社会では、精神的に、むしろ人間相互を敵とみなしかねないホッブス的状況が実現している。しかも世界がグローバリゼーションの崩壊にともなう経済不況や、地域戦争やテロリズムなど悪夢的映像におおわれている現在、そのストレスはきわめて強度なものとなる。こうした状況のなかでは、軽度の神経症や鬱病などがしだいに重度の疾患にいたり、ついには人格崩壊をまねくといったケースがしばしば起こる。

そのうえ性アイデンティティに関連して、フロイトが男の人格内部に形成される構造として示したエディプス複合――すなわち母親への性的執着と対抗者としての父親への潜在的敵意――は、社会的原理としての父性原理・母性原理を喪失し、家父長的な神の支配から出発した近代社会、さらに断片的な核家族と化した家族集団のなかでしか存在しえない。フロイト理論の脱構築をはかったジャーク・ラカンは、たとえばズニやホピのような母系社会では、男の幼児は、母親をふくむ母方の女たちとはきびしい非冗談関係にあり、逆に父方のオバたちに性的な《甘え》を許されて成長するため（筆者の補足）、その過程でエディプス複合を覆う倫理的超自我《スーパーエゴ》が形成されるとして、結果として母系社会にはエディプス複合は存在しえないことを説いた（Lacan 1966, p.133）。

そのうえこれらの社会では、子供の私有観念はまったくなく、すべての子供が氏族の宝として平等に扱われ、成長するため、幼児から大人にいたるすべての成員の人間関係に葛藤や摩擦はありえない。成人の女が、夫の婚外交渉の相手となった女を制裁する権利はもつが、それ以外の暴力沙汰はかつてほとんどみられなかったという（Simmons 1942. p.407 の統計表参照）。

だが主観性のガラス箱に個人が閉じ込められた近代社会では、彼または彼女は、《私の共有性》にもとづくひろびろとした集団から切り離され、核家族や家父長制という牢獄に同じく閉じ込められる。エディプス複合やエレクトラ複合——男の子より軽度であるが女の子の母親に対する対抗意識——など家族内の心理的葛藤や傷痕《トラウマ》からはじまって、ひとがひとにとって狼であるホッブス的外部社会での葛藤や傷痕にいたるまで、人間の人格は徹底的に分断され、その統合性は崩壊する。

救いをもとめるべき家族集団は内面的に分裂し、外部社会にも救済の場はほとんどない。わずかに、まだ相互が狼でなかった幼時や青少年時代の友人、あるいは信仰やヴォランティーアとしての社会的意志などを共有するもの同士が、ささやかな私の共有性を提供し、救いをもたらす。

戦場体験者の多くが、他のなにものにも代えて《戦友》を尊重する原因もここにある。なぜなら、生死を分かつ危険のなかでともに戦ったものは、それを体験しなかったものの理解を絶した、感性や身体性のレベルでのある種の私の共有性をわけもったからである。初期のファシストやナチスの運動が絶大な影響をおよぼしたのも、とりわけ若者が、近代社会ではえられないこうした戦友的な私の共有性を、その街頭行動のなかで手にすることができるかもしれない、という幻想をいだいたからである。近代の孤独で不安な人間をひきつけるファシズムやナチズムのこうした魅力を知らなくては、それらの新しい台頭を妨げることはできない。

鏡としての他者・敵としての他者

近代の人間にとって、ラカンの説くように、他者は結局自己の鏡像にほかならず、それは容易に敵に転化する。

人間の二歳以下の幼児と、類人猿、さらにひろくは高等哺乳類とはほとんど知能の差はないが、鏡にむかったとき、他の動物はそれが本物でないことを認識するとすぐに興味を失うが、人間の幼児だけは、それに自己のさまざまな姿態を映し、自己同定をするという。この特質を、ラカンは《鏡の状態》と名づけた。長じて主観性のガラス箱に閉じ込められた自我は、その結果として《現実的なもの》をそのまま認識することができず、自己の《想像的なもの》のなかにそれを閉じこめる。自我はわずかに、言語などさまざまな記号によって構成される《象徴的なもの》またはそこに介在する《超自我〈倫理的規制者〉》を媒介として《現実的なもの》をまさぐり、他者とのコミュニケーションをはかるほかはない。

つまり、《想像的なもの》に閉じ込められた現実は、自我の鏡像でしかなく、近代の人間にとって《鏡の状態》は、認識の罠として生涯存続しつづけるのだ。そこでは他者は、疎外された自己であり、近代に固有の人格的自己愛《ナルシシズム》――いうまでもなく《鏡の状態》の象徴的表現である――は、容易に反転して疎外された自己への憎悪となる。

これが、他者がたちまち敵となる近代人の心理的機構である。その動機はなんでもよい。嫉妬、偏見などといった日常的で心理的な複合から、いわゆる人種や宗教、価値観（近代ではそれは結局イデオロギーに収束する）、イデオロギーなどの対立にいたるすべてが自己愛の反転としての憎悪の対象となる。旧ユーゴスラヴィアの内戦など世界の各地で頻発した悲惨な戦争は、この心理的機構に由来する。

たしかにかつての諸社会にも戦争は存在した。部族内戦争や部族間戦争であり、前者では、ボルネオのダヤク族や南米のヒバロ族、あるいは覇権争いをふくんでいたが、源平合戦から戦国時代にいたるわが国にみられたように、しばしば首狩りの風習をともなっていた。だが戦争は、基本的に相手部族または氏族の霊力（マナ）を奪い、みずからのものにするある種の儀礼であって、ひとを殺すのもある種の供儀と同じであった。そこには個人的な憎悪や情念は皆無であり、ましてイデオロギーなどが介在することはなかった。

すでにみたように、非戦士部族であったホピには日常的にも暴力沙汰は存在しなかったし、戦士部族のナバホやラコタでは、かつて部族間戦争や戦士の勇気をためす襲撃がおこなわれていたが、それは近代的な意味での暴力ではまったくなく、日常的にも暴力はありえなかった。

だが近代では異なる。国家間の外交や政治的手段の延長としての戦争は、人間にとってなによりも不条理な暴力として個人を襲い、個人はまた、ナショナリズムや愛国主義イデオロギーに鼓舞された情念の暴発として、敵である他者に公認された暴力をふるう。そもそもナショナリズムや愛国主義は、個人的自己愛の社会への投影にほかならず、敵への憎悪はその反転にすぎない。

差別の根源

近代的人格の自己愛とその反転としての憎悪のメカニズム、またそうした情念の暴発としての暴力は、同時にあらゆる差別の根源である。

ホピやナバホでは、自己と他者、性や世代、自文化と異文化などすべてにわたって差異の認識は存在したが、差別は存在しなかった。《私の共有性》を分かつひとびとはいうまでもなく、異文化に属する異邦人といえども差別の対象ではなかった。たしかに戦士部族では伝統的に敵部族がいた。しかし明確な宣戦布告をともなう霊力獲得のための定期的な戦争以外では、交易や交流も日常的におこなわれていた。たとえ伝統的な敵であろうとも、諸動物同様対等な生物存在であって、ただ彼らは自文化が絶対的に優位にあるとする種族中心主義《エスノセントリズム》的な誇りをいだいていた。

強固な種族中心主義はみずからの自信を育て、それはむしろ異文化や他者に対する寛容を生む。だがすでにみたように、アイデンティティが不確定であり、自己愛の情念に支配された近代の人間にとって、異文化や他者は自己の存在の基盤をゆるがす敵となる。なぜなら、そこには種族中心主義（ナショナリズムがそれに代替されるが）に代わるものとして、自己中心主義《エゴセントリズム》や、近代に固有の男性中心主義《メイルセントリズム》が登場するからである。

自己中心主義が差別を生みだすのは、異邦人はもとより、同じ文化に属するものといえども、自己のプラクシス（意識的行為）としての判断基準や価値観にはずれるものを差別し、排除することで自意識の保護をはかろうとするからである。

男性中心主義が近代に固有であるのは、かつての宇宙論的分業に代わり、産業社会が体力に勝る男を労働や生産の中心に置き、女を家庭を守る補助的役割に押し込めたからである。たとえ西欧の過去に父系継承という制度があったとしても、同じ父系継承のパプア・ニューギニアで、両性にみごとな宇宙論的ジェンダー・バランスが保持されているのをみれば（Strathern 1988 参照）、それがあきらかに社会の近代化に由来することがわかる。

すでにみたように性アイデンティティの不確かな男たちは、差異を差別に変えることによって自己のアイデンティティを獲得しようとする。男による暴力的性犯罪や家庭内暴力は、このメカニズムの発現である。さらにここでは、たとえ個々の男が性差別意識をもたなくても、それは制度化され、必然的に社会のプラティーク（慣習的行動）となる。

人種差別あるいは種族差別についてはいうまでもない。ふつうに用いられる人種や民族ということばはきわめて曖昧であるが、曖昧であるがゆえにそこに情念や差別意識を投影することのできる便利な用語となっている。人種差別の根源は、すでに述べたように、差異ではなく差別によってしか自己認識できない近代人の不確かなアイデンティティにあるが、性差別同様、理性的に人種差別を否定しても、それは近代社会のプラティークとなっているのであり、この無意識の拘束から逃れることは困難である。

とりわけわれわれ日本人にとって、欧米文化の崇拝とともに抜きがたい白人崇拝は、この無意識の人種差別の裏返しの表現にすぎない。それは同じモンゴロイド系（いわゆる黄色人種）のアジアのひとびとやネグロイド系（黒人種）のひとびとへの差別として容易に反転する。ときには人種差別主義の否定として、これらのひとびとと積極的に交流をはかるときも、より劣ったものに対する家父長的保護者の立場に無意識にたち、反撥をうけることになる。

人種差別ではなく種族差別という用語をあえて使ったのは、まだ部族そのものや部族意識が強固な第三世界において、植民地化や独立以後の近代化が、部族や種族を差別的対立に追いこむからである。七〇万人から八〇万人が殺戮された悲劇的なルワンダ内戦が、その典型的な例である。

かつてルワンダでは、統治者として武力により農民を保護してきた戦士部族トゥティと、被統治者ではあるが母なる大地の支配者として逆に統治者の正統性《レジティマシー》を保証してきた農耕部族フトゥとが、千数百年にわたって平和に共存してきた。だが近代化によって近代的政治機構が設置され、トゥティがしだいに近代的政治権力者としてフトゥを抑圧しはじめたことが、部族相互の差別と憎悪を深め、ついには内戦へと突入することとなったのだ。これが種族差別にほかならず、それは近代化によってのみ生みだされたものである。

このように近代は、かつてなかったすべての差別を人間の社会にもちこむ。

人間性の解体と「人間主義」

主観性のガラス箱に閉じこもり、みずからのうちにあるといわれる理性のみを信ずる近代の人間が、アイデンティティ危機やみずからの存在そのものの不安や孤独にさいなまれ、さまざまな心理的複合を内面につくりあげ、それによって生じた情念をみずからの鏡である他者にぶつけ、種々の差別を生みだしている様相は、ほぼ明らかとなった。

つまり近代は、それが標榜している《普遍的人間性》とは裏腹に、相対立し、差別しあう孤立した諸個人と、それぞれが戴く理性という名の分立する価値観またはイデオロギーの闘争とによって、人間性を分裂させ、ついには解体してしまったといえる。しかもたびたび指摘したように、その人間性も、身体性や感性を喪失した観念の所産にすぎない。

にもかかわらず公の場では、あいもかかわらず《普遍的人間性》が標榜される結果、理念と実質の乖離は途方もなく拡大される。その深刻な亀裂があらわとなるのは、教育の場にほかならない。

近代国家では、少なくとも初等・中等教育は、《普遍的人間性》の理念にもとづいた《公民》を育成することを目的としている。公民となるためには、価値観をふくめた国家の諸体系が理解できるよう、知能の開発が優先され、一定の水準にたっすることが求められる。多くの国では、知能指数の高い子供にはさまざまな特典があたえられ、国家の中枢をになうエリートになるように要請される。そうでない子供たちは、将来それぞれにふさわしい社会層に位置づけられ、それぞれにふさわしい労働が期待されている。

わが国では第二次大戦後、左翼色の強い教職員組合の影響で、教育現場を一見平等主義が支配するようにみえた。エリート教育の必要が説かれはじめたのは近年にすぎない。しかしこの平等主義は、子供たちの個性や可能性をまったく無視していたがため、むしろ彼らを画一主義の鋳型にはめこむにすぎなかった。それは悪平等主義ともいうべきものであり、エリート主義の逆数、つまり裏返しにほかならない。なぜなら、エリート主義は知能というフィルターで子供を選別するのに対して、悪平等主義は選別しない代わりに、同じフィルターで、その一定の枠に子供を同調させるにすぎないからである。

だがそのいずれも、子供たちに普遍的人間性を付与することはできない。近代社会では、知能による選別はすなわち差別となり、画一主義は子供たちの個性や創造的な可能性を奪うからである。

知能にすぐれた子供もいれば、身体的能力にひいでた子供もいる。あるいは感性のゆたかな子供もいれば、事物の観察力にたけた子供もいるし、知能とは異なる深い思考力をもった子供もいる。だがエリート主義の選別でえらばれた知能指数の高い子供以外は、それぞれの個性を深化させることはできず、学校は画一性を押しつける抑圧の場となる。それは学級内差別や反抗の源泉となり、教育の場の荒廃は拡大する。

だが不登校や家に引きこもる子供が増えても、彼らの欲求不満に応えるものはなにもない。テレビ・ゲームへの熱中は脳の前頭葉の発達を阻害し、人格的障害を引き起こすことが最近知られるようになった(『毎日新聞』02.7.16)。それはまた、インターネットや携帯電話への熱中同様、子供を現実から切り離し、実在への認識力を奪い、孤立を深める。

子供だけではない。こうした内面的荒廃は、大人たちをも侵食し、みかけの豊かさとは裏腹に、社会全体の内面的荒廃をひろげている。それは理性の不在から生じているのではない。むしろある意味で、それは理性といわれるものの過剰から生まれているのだ。

すなわち普遍的人間性の幻想同様に、近代理性の幻想が、いまだに社会を支配している。だがすでにみたように、近代理性とは、主観性のガラス箱に閉じこもる個人の、自己決定権や判断のよりどころにすぎない。ひとにより、あるいは文化によって異なるその判断の基準は、たとえば人権といった用語ひとつにしても大きなへだたりをみせる。すでにみたように、欧米のそれは法的・政治的自由の保証といった観念が優先し、身体性に関してはせいぜい生存権や行動の自由の保証にかぎられる。だが近代的制度としての法的・政治的自由に多少の制約があっても、伝統的な生活や文化という身体レベルへの干渉のほうが、より大きな人権侵害であるとする人権概念もありうるのだ。

《普遍的人間性》の幻想に囚われているかぎり、崩壊しつつある人格や、解体しつつある人間性を復活することはできない。とりわけ近代と西欧の色彩に染めあげられた人間性概念は、むしろ徹底的に解体したほうがよいのかもしれない。たしかに、ホモ・サピエンス・サピエンスとして全人類は普遍的な人間性を共有しているが、それは近代や西欧が考えたような単一の理念型ではない。普遍的であるのは、他の種とは異なる身体的特徴と、脳を支配する記号にもとづく思考体系という構造的なものであって、後者の具体的あらわれは各種族によってちがい、むしろ生態系のように多様である。近代の抽象的で画一的な《普遍的人間性》概念は、この多様性を圧殺する。

　したがってわれわれは、《普遍的人間性》概念にもとづく人間主義《ヒューマニズム》なるものを、いっさい拒否しなくてはならない。人間主義がたんに、自然を排除する近代の誤った人間中心主義《アンスロポセントリズム》から派生したというだけではなく、そこには他者の概念が欠如しているからである。そこでは、主観性のガラス箱に映ずる事物すべては、自我の鏡像でしかなく、逆にラカンのいう《主体とは他者のディスクール（言説）》であるとする真の他者は不在である。それが奴隷狩りに象徴されるような他種族のひとびとの容赦のない収奪や、異文化の徹底的な破壊という近代の歴史を生みだしてきた。人間主義とは、《普遍的人間性》の幻想をともにする人間への同情《シンパシー》にすぎず、せいぜい踏みにじられた敗者に対するあわれみにすぎない。

　だがさいわいなことに、《蒼ざめた人間》の時代は終わりつつある。われわれはその後にくる人間像を探求しなくてはならない。

第四章　脱近代の知をめざして

あらたな弁証法的知

われわれは、近代の《蒼ざめた知》に代わる知を構築しなくてはならない。それはなによりも、弁証法的な知といえるだろう。だが誤解してはならない。それは、主観性の哲学のなかで、フィヒテまたはヘーゲル以来となえられた旧来の弁証法ではない。

主観性の哲学にあっては弁証法はなによりも論理であり、事物や現象の全体を把握するためには、まずそれをとらえる概念Aを定立し、それと対立する、あるいはそれを逸脱する概念非Aが必ず存在するとして、全体像は両者の総合または《止揚》によってえられるとした。ヘーゲルの観念論に対してマルクスは、それを唯物論的に転倒させ、概念ではなく物質的基礎をもつ事物の相互作用としての弁証法をとなえた。主観性哲学の袋小路ともいうべき実存主義から出発したサルトルは、観念と事物のこの二つの弁証法を、人間のプラクシス（実践＝意識的行為）概念を媒介に統合しようと、悪戦苦闘を重ねたすえ挫折するにいたった。

いずれにせよこれら近代の弁証法概念は、ひとつの現象または事物の連続的な過程のなかでの変化をとらえる線形《リニア》なものである。線形なものとは、その数学的定義と同じく、Aまたは非Aという二つの変数の相互作用がひとつの関数として出現するが、いわばこの関数が総合または止揚にほかならない。マルクスでは、この関数に《下部構造》（生産の基本様式）と《上部構造》（下部構造に対応する観念の体系）という唯物論的な座標軸が加わるが、線形であることには変わりはない。

しかしわれわれの目指すものはちがう。それは非線形または構造的弁証法というべきものである。弁証法《ダイアレクティックス》はいうまでもなく古代ギリシア語のディアレクティケー（討論）からきているが、討論は必ずしも二人のあいだでおこなわれる線形なものとは限らない。むしろ構造的弁証法は、古代ギリシア語でいうキベルネティケー（操舵術）に近いかもしれない。いうまでもなくこの語は、サイバネティックスの語源であるが、他の場所で述べたように（北沢 一九九八年 一一九頁以下）、サイバネティックスも基本的には線形な思考でしかない。キベルネティケーをその根本から考えてみよう。

古代の帆船の操舵術はきわめてむずかしいものであった。なぜならそれは、一方では潮流・波の高さや強さ・海水温度・船の角度・積荷の重さなど、他方では風力・風向・気温・帆の大きさと角度など、無数の変数が相互に作用し、変数自体が変化する基本的に非線形な条件のなかでの針路維持だったからである。舵手ではなく船長の判断で帆や舵の角度を調整するのであるが、それは経験の蓄積のうえに立つ直観的なものであって、日本語でいう《カン（勘）》にほかならない。そのときどきの《カンドコロ（勘所）》を押さえることによって船は最適の航路を進むことができる。

つまりここには、事物自体の非線形な相互作用があり、プラティーク（無意識的行動）・レベルに蓄積された経験と、それに対応するプラクシス（意識的行為）としての人間の意志と判断が、ときに応じた最適の解（カンドコロ）をそのなかから直観的に選びとる。この事象全体が、非線形または構造的弁証法なのだ。最適の解も事象それ自体にふくまれているのであって、人間の内部に理性としてあるわけではない。それが弁証法的理性であり、人間はそれを直観的にとらえる能力としての理性を所有するといえるだろう。しかしそれは近代理性ではまったくない。むしろそれは、人間による事象の弁証法的理性の自己認識として、やはり弁証法的理性とよばれるべきである。

自然の生態系などにはこの弁証法的理性がはたらいているが、われわれはそれがなんであるか、まだ把握することはできない。なぜならそれは、自然の非線形現象を統御する法則または数学的意味で演算子といえるが、少なくともいまのところ、われわれは非線形現象を全体的に分析し、理解できる数学的用具を手にしていないからである。

したがってわれわれは当面、われわれのカン(勘)を羅針盤として、弁証法的な知の構築が可能かどうか、手探りですすむほかはない。

記号による思考体系

解明の手がかりは記号概念にある。

記号とは、人間のみが所有する思考用具といえる。動物行動学などの最近の研究によれば、たとえばアフリカ・ハイイロオウム(Pepperberg 1999 参照)をはじめ多くの動物が、事物や現象の理解に、かなり高度の知能をもっていることが明らかとなった(Hauser 2000 参照)。そのうえ彼ら相互のコミュニケーションは、それぞれの種に固有の言語や身体的表現によってなにひとつ不自由しない。

しかし人間のみが、思考やコミュニケーションに記号を使用する。鳥の歌や動物言語と異なり、人間の言語は母音・子音の音韻的分節からはじまり、その組み合わせの法則、単語の形成、単語の配列としての文法、意味の分岐をつかさどる統辞論《シンタックス》など、すべてが明確に分節されている。これが言語記号である。

分節されることによって言語記号は、動物言語と同じ直接的で具体的なコミュニケーションだけではなく、抽象的レベルでの伝達や記憶を可能にする。たとえば人間の二歳までの幼児と動物は、眼前にモノがあるときには、その数や形態あるいは色などを認識することができる。アフリカ・ハイイロオウムでさえ、実験者に対して二や三などと数を答え、黄色や赤という単語、さらにボタンや鍵などといった形態に関する単語さえあげて答える。

だが幼児や動物は、眼前にモノが存在しないときは、言語で答えられないだけではなく、認識そのものが可能ではない。だが一定年齢以上の人間は、眼前にモノがなくても事物を数えることができるし、色や形態をイメージとして喚起することができる。なぜなら彼または彼女は、《三・五・七》などという数、《赤・青・白・黒》などという色彩、あるいは《円・四角形・線》などといった形態を言語記号を媒介として記憶し、それらを組み合わせることができるからである。

それだけではない。分節された言語記号とその組み合わせのおかげで、人間は直接単語の意味を理解するだけではなく、意味のメタ（超）レベルとでもいうべき二次的・三次的な抽象思考を手にする。すでにたびたび述べた神話的思考などがそれであり、神話的思考は全体として、暗喩（メタファー）を構成する人間の基本的思考能力を示している。神話的思考だけではない。科学的思考の最先端にある現代の抽象数学にしても、結局、抽象記号の組み合わせによって、別の抽象世界を現出させる暗喩といってよい。

こうした特質は、言語記号にかぎらない。人間の音楽が鳥の歌と異なるのは、同じくそこに音程・リズム・拍節など、分節した音記号があるからだ。たとえばパプア・ニューギニアのカルリ族の歌ジサロは、彼らの神話的鳥ヒメアオバトの歌に霊感をえているが、音程や音階、あるいは貝殻のガラガラ（ラットル）が奏でる拍節と、そのうえに展開するリズムなど、明確な分節がある（Feld 1982 参照）。そのうえそれは、全体として高度の暗喩《メタファー》である（北沢 一九八六年参照）。なぜなら、鳥の世界はトーテム的祖先の霊の世界であり、鳥の歌は祖先たちの使信にほかならないとするパプア・ニューギニア全体に共通の思考があるからである。

事実、セピック河流域の戦士部族イアトムルでは、竹製の縦笛が儀礼の主役であるが、ジェンダーが女性である太い笛と男性である細い笛を、ときには七本も組み合わせて奏でる幽玄なひびきは、密林の奥で鳴く鳥たちの声の模倣であり、祖先たちの霊的な使信をつたえる。それらの笛はまた、全体として天と儀礼半族である息子《太陽》を象徴し、地と儀礼半族の母《大地》を象徴する巨大なスリット・ドラム（丸太の刳りぬき太鼓）が奏でる滝の轟音とともに、音と楽器という記号の対称と、パプア全体に共通の《鳥》と《水》という象徴の対称をかたちづくる（北沢 前掲書三五頁の図を参照）。

知覚と記号体系

言語の発話や音楽がすでに知覚作用であるが、このほかにもっとも感覚的なもののひとつと考えられている味覚にかかわる記号体系をとりあげてみよう。なぜなら、弁証法的な知は、感性や身体性の奥深くまでを分析し、構築できる知のはずだからである。

動物の味覚は人間の想像以上に鋭敏であり、私もわが家の犬でたびたびその驚きをあじわった。しかし人間は、味覚をも記号化する。言語記号や色彩記号あるいは音記号と同じく、そのカテゴリー的分節は文化によって異なるが、わが国ではそれは、カテゴリーとしての四色の色彩記号（白・黒・アヲ・赤）、および天・地下（白・黒）と地上の二極（アヲ・赤）の二つの座標軸（北沢 一九七九年および一九八九年参照）同様、四つのカテゴリーと二軸の座標軸、すなわち《ニガイ（苦味）》《アマイ（甘味）》の軸に、《カライ（辛味）》《スイ（酸味）》の軸と、その相互作用から成り立っている。色彩に春（アヲ）・夏（黒）・秋（赤）・冬（白）――中国の配置（青＝春・赤＝夏・白＝秋・黒＝冬）とは異なる――の時間軸が存在していたように、味覚にも旬という時間軸を想定することもできる。

イナリ寿司などの例を通じ、他の場所でくわしく分析した（北沢 一九八九年 一五〇頁以下）ので具体的分析は省略するが、味覚と料理の全体的構造のみを考えてみよう。

動物たち同様に、生体を維持する必要から摂取する日常の食事に、すでに記号的構造があらわれているが、それが顕著に出現するのは儀礼や祭祀にともなうハレの日の料理である。料理はまず色彩記号になって登場する。すなわち紅白とそれをおぎなうアヲ・黒である。

平安朝時代の紅白は、酢と塩を調味料とする鹿のナマス（刺身）の赤と山鳥や雉のナマスの白であったが、民衆による鳥獣の狩猟が禁止された江戸時代以後は、赤身の魚と白身の魚の紅白や、内陸では人参（紅）と大根（白）の千切りのナマス（酢と塩で和えた）の紅白に置き換えられた。紅白は天（白）と地（赤）を象徴するが、とりわけ赤は体内の血の色として生命力を示している（黒〔地下〕と白との組み合わせは死者の祭祀に用いられることはいうまでもない）。野菜のアヲはミヅ（水）の象徴であるとともに、水に満ちたミヅ（瑞）、つまり豊饒の象徴である。根菜類などの煮物は黒に分類され、これも天地の垂直軸における地下の豊饒をあらわす。

調味料の酢と塩は、味覚の構造の地上軸（スイ・カライ）を構成するとともに、植物から精製する前者が山（大地）を、海水から精製する後者が海を示し、《山海の珍味》の基本的味覚を規定する。塩はヒシオ（魚醤）あるいは醤油や味噌に置き換えられるが、スイ・カライの座標軸は変わらない。

それに対して、天地軸（ニガイ・アマイ）であるアマイは、アマカヅラや甘草、また水飴などの甘味料を使った料理、ミチ（蜂蜜）や生果物または干し柿など干した果物類、あるいは唐菓子とよばれた甘い餅や団子類などに代表され、母なる大地または母性原理をあらわしていた。ニガイはいうまでもなく茶や辛口の酒に代表されるが、それは父なる天または父性原理をあらわし、この天地の軸が地上の軸と対応して構成される四面体に、すべての味覚は位置づけられる。たとえば日本語では同音であるが、ショウガやサンショウなどのカライ（辛味）は、ニガイ（天）とカライ（塩味）の中間に位置していわば中空（ソラ）を示し、旨味のアマイは熟して酸味に変換する直前として、アマイとスイの中間に位置づけられる。

料理にはその他、形や盛りつけ、生ま物・煮た物・焼いた物・醗酵させた物などの区分など、記号は複合的なものとなるが、少なくともそれを味わう味覚は、このような四元の記号構造をもっている。言語記号においてすべての音韻が、ＡＩＵの母音の三角形、ｐｔｋの子音の三角形のどこかに位置づけられるように、他の文化の味覚もすべてここに収束する。

人間においては、もっとも感覚的なもののひとつである味覚でさえも、このように整然と分節され、記号としての構造を示している。

デカルト的二元論を超えるもの

問題はこうした記号の概念が、近代の《蒼ざめた知》を呪縛してきたデカルト的二元論を乗り超える手がかりとなる点である。

すなわち記号は、かならず物質的性質としての《意味するもの》と、それによって喚起される観念的性質としての《意味されたもの》から成り立っている。味覚であれば、意味するものは舌の味蕾が感じ、脳に伝達する化学物質の複合であり、言語であれば、同じく聴覚をへて脳に伝達される音声という空気の振動である。だが同時にそれは、記号としての意味作用をもち、意味を呼び起こす。アマイ・カライあるいは木や水など、それによって呼び起こされた意味が意味されたものにほかならない。

物質的性質またはいわゆる客体が、観念的性質またはいわゆる主体と不可分であるという記号の本質が、それ自体でおのずからデカルト的二元論の克服を開示する。しかし誤解してはならない。一九八〇年代に流行した記号論（セミオティックス）やポスト構造主義の記号概念が誤っていたのは、記号をそれ自体としてとらえ、記号の構造性の認識に欠けていたこと、およびそれぞれの記号の領域の独立性を無視し、近代の言語=理性中心主義《ロゴセントリズム》と不可分の、言語記号中心主義ともいうべき偏向を示していたからである。

記号はそれ自体として存在するわけではない。舌がアマイと認識するのは、その背後に脳における知覚の意味作用があり、味覚の四面体という構造のなかでそれをとらえるからである。あるいは日本語で《キ》という音声の意味するものは、それ自体では《木》であるか《気》であるか《黄》であるか、意味されたものが確定できないだけではなく、たとえ《木》であるとしても、樹木なのか材木なのか、あるいは樹木であるとしても、どのような樹木のどのような状態なのか、曖昧なままである。言語記号の意味するものは、文という構造、より厳密にいえばシンタックス（統辞論）という構造をえたときにはじめて意味を確定する。

シンタックスとは、文を構成する一連の規則の集合であって、規則相互が動的な絆で結ばれることによって、文の意味作用を確定する。もちろんこの構造概念はすべての記号分野に適用可能であり、たとえば料理のシンタックスを論じることもできる。懐石料理でだされる献立の順序はいわば文法であるが、アマイ・カライなどの味覚の座標、色彩や形態あるいは盛り付けなどの視覚的意匠、さらには生ま物・煮物・焼き物、熱いもの・冷めたものの区分など、それぞれの規則相互が結合して懐石料理のシンタックスをつくりあげ、それに対応した意味作用を構成する。それを味わいながらひとは、小さな膳のなかに、季節に応じた旬のものがつくりだす、深い宇宙論を感じとるのだ。ここには、言語に還元できない記号の意味が存在する。

このように記号はたんなる集合体ではなく、構造としてあらわれるが、そのこと自体がまたデカルト的二元論の認識論的のりこえを示している。なぜなら構造とは、人間の意識的および無意識的認識そのものであると同時に、無意識を支配する脳の構造として身体性の根源そのものであり、さらにはその絆を通じて生物一般および自然あるいは宇宙の諸構造とつらなるからである。

構造とはなにか

たしかに構造概念は、プラクシス（意識的行為）のレベルで獲得される。数学では、元（要素）の集りはたんに集合であるが、それらの元がなんらかの規則または関係によって結ばれるとき、それは構造となる。たとえば任意の二元が乗法または加法などで定義され、一定の法則をみたすとき、それは群と名づけられる構造をもつ。

あるいはナバホのひとびとは、精密な自然観察にもとづく分類や薬効認識などの科学的思考とは別に、神話的思考にもとづいて万物を女性・男性のジェンダーに分類し、その宇宙論的均衡を考えるが、儀礼に結びつく特定の事物や現象の均衡は、ひとつの構造をかたちづくる。たとえばレヴィ＝ストロースが誤って解釈している（レヴィ＝ストロース　一九七六年　五八頁以下）が、ナバホのさまざまな儀礼に用いられるヨモギの類とヤブキリンソウの類の組み合わせは、薬効がそれぞれ女の生殖器治療・男の生殖器治療と逆であるが、ジェンダーとして前者は男性、後者は女性をあらわし、宇宙のジェンダー・バランスを表現している。

ホピでは、キヴァ（地下聖堂）の祭壇や広場の祭祀に、ハコヤナギとモミの枝の対が飾られるが、それは女性・男性のジェンダー、いいかえれば天・地という宇宙論的空間の対称とともに、夏と冬という宇宙論的時間の対称を示し、万物の豊饒へのねがいを表現している。これらの場合、特定の植物の対は、すなわち人間の思考の対象として記号であるだけではなく、記号の意味論的対称を形成している。これが、記号の構造の原初的な型にほかならない。

ある意味で、すべてのものは対称《シンメトリー》と対称の破れから成り立っている、といっても過言ではない。そのうえ対称の破れといえども、より高い次元をつけくわえれば、より高度の対称、いいかえれば超対称《スーパーシンメトリー》となることがわかっている。世界の構造ともいうべきこの事実は、物質世界と物理学の問題だけではない。

われわれ人間の思考体系も、基本的に対称から成り立っている。たとえば前・後、左・右、上・下、東・西、南・北などという空間の対称から、昼・夜、夏・冬、春・秋といった時間の対称にいたるまで、すべては対称を座標軸として考えられている。あるいはより抽象的なレベルでは、いま述べた女性・男性のジェンダーの対称などは、その典型であるといえる。

自然観察にたけた古代人や誤って未開とよばれるひとびとは、たとえば鳥類では雌雄があり、かなり多くの鳥は雄のほうが派手々々しい羽毛や冠をつけていることを十分認識しながらも、それらを雌雄に関係のないジェンダーに分類する。彼らがこうしたジェンダー分類をはかるのは、宇宙が父なる天と母なる大地というジェンダーの対称から構成され、その均衡が世界の安定と豊饒を保証すると考えているからである。

つまりそれは、雌と雄の生物学的意匠が異なるなど、自然の一見複雑にみえる現象や事象を、ひとたび記号へと解体し、ジェンダーの対称という解読格子を通じてみることで、それらを意味をもつものとして構造化する行為にほかならない。しかも動物や植物あるいは抽象物や事物など、まったく種類の異なるものをその対称で把握することで、すべてが関連しあう統合的な宇宙像をつくりだす。これが神話的思考による宇宙論であり、それはひとたび構造化されると、プラクシス（意識的行為）のレベルから離れ、プラティーク（無意識的行動）・レベルの構造そのものとなる。標準的ヨーロッパ語で、母語の話者が、名詞のジェンダーをまったく無意識に操作し、発話するのも、それがプラティークの構造となっているからである。

チョムスキーやスティーヴン・ピンカーが、言語活動はプラティーク・レベルの構造であるとして、人間の言語能力の先天性や《言語本能》について語った（Pinker 1994 参照）が、記号の対称によって世界をとらえる思考能力は、この意味でまさしく本能とさえいえるであろう。

構造としての本能

この無意識の思考の構造は、人間においては本能とよばれる生物学的な構造と、本来は相対応している。種の保存や生体の維持などにかかわるさまざまな本能とよばれるものは、たしかに遺伝子や遺伝情報によって決定される側面が強い。だがそれさえも、コンラート・ローレンツが指摘しているが、本来は動物一般にみられるように、きわめて合理的で社会的なものである。

たとえば性の欲望も、動物では複雑な儀礼的過程をへて、しかも雌の同意がなければ達成されない。またそれにまつわる雄同士の暴力的競争も、最終的に勝者と敗者とのあいだのある種の儀礼で決着する（ローレンツ 一九七〇年）。こうした欲望の制御そのものが、遺伝子や遺伝情報にもとづく本能なのだ。

人間の本来の社会も、こうした生物学的本能を、プラティーク・レベルの記号による思考体系と対応させ、倫理体系を築きあげてきた。ホピの社会では、そもそも《ホピ》ということばが、そのような身体的な倫理体系をあらわしている。すなわちそれは、平和で礼儀正しく、たくみに欲望や情動を自己制御できる人間の規範的な行動様式を意味し、幼児からホピであることを躾けられ、それに反する行為は《カ・ホピ（ホピでない）！》という叱責で退けられる。

類人猿のボノボの社会と同じく (Waal, Lanting 1997 参照)、ホピの社会は母系制であり、財産をはじめ、現世つまり母なる大地にかかわるもののすべての決定権は女に属している。セクシュアリティの主導権もいうまでもなく女にあり、男たちは異性の関心をえるためには涙ぐましい儀礼的努力を払わなくてはならない。他方、ホピの神話や宇宙論において、太陽男神タワが、いわば母方のオジとして主要な役割を演じているが、それは父なる天のきびしい法を象徴しているからであり、したがって男たちはその代理人として、儀礼と政治、つまりマツリゴトをにない、女たちと社会的均衡をたもつ。宇宙論を背景にしたこのジェンダーの対称と均衡が、ひとびとの欲望や本能を制御する無意識の構造であり、同時にそれが倫理や道徳の源泉となっている。

ボノボに言及したのは、チンパンジーの社会が父系というよりも男性中心的であり、そのために、雄同士の暴力沙汰や、他の雄の配偶者の強奪にともなう幼児殺しなどが絶えないのに対して、母系制のボノボの社会では、雌に主導権があるだけではなく、性も自由であり、ホピと同様、暴力沙汰がまったくみられないからである。彼らは記号体系や宇宙論をもたないが、母系制という社会の枠組自体が、それぞれの個体に欲望や本能の制御をあたえ、社会に平和と安定をもたらしている。

それをボノボ社会の知と名づけることも可能である。だがホピの場合その知は、一方においてボノボ同様に身体の構造であるが、他方同時に記号の無意識の構造として相互に弁証法的な知を形成し、しかも個人の内部にあるとともに社会的な制度としても存在する。これが本来の人間の社会であり、また個人的には、これが身体性と概念性とを統合する《人間的自然(人間本性＝ヒューマン・ネイチャー)》

にほかならない。

構造としての脳

人間的自然とは、結局構造としての人間の脳に収束するかもしれない。最新の脳神経科学は、言語をはじめとする記号活動が、脳内部でいかに霊妙な仕組みと機能でおこなわれているか、そのかなりの部分を明らかにしてきた。

いうまでもなくわれわれの脳は、爬虫類・哺乳類と何千万年をへて進化してきたものであり、脳幹や小脳、あるいは大脳の深部や旧皮質など、それらは諸動物の行動や思考を支配する機能を共有している。動物言語と同じレベルにあるわれわれの情動的言語も、脳梁《コルプス・カロッスム》とよばれる部位が主役となっている。

だが、記号活動である抽象的思考活動は、新皮質の前頭葉や側頭葉あるいは頭頂葉など、ごく薄い六層の葉からなる部分がになうこととなる。それはさらに、後頭部の感覚野と連動する視覚・聴覚・味覚・嗅覚・触覚など、それぞれの知覚作用に応じた記号活動の部位に分かれ、また言語活動そのものにしても、動詞・名詞などの言語機能に応じた部位が存在し、それら相互の複雑な連結作用を通じて記号活動がおこなわれることが、しだいに明らかとなってきた（Winson 1985. Calvin & Bickerton 2000 参照）。

記号活動を言語記号に限定してみてみよう。動物言語や人間がとっさに情動的に叫ぶ音声は、特定の音声それ自体が伝達の意味を担っているが、言語の音韻は、聴覚がそれをとらえるにもかかわらず、脳梁はそれを処理せず、情報を新皮質の頭葉に送る。それが動詞や副詞の場合、前頭葉が受け、名詞や形容詞の場合、側頭葉が受けもつ。なぜなら、動詞はかならず目的語を前提とし、それはしばしば《どこへ行く》《本を手にとる》など運動野（頭頂下および中部）にかかわるのに対して、形容詞や名詞は事物のイメージにかかわり、必然的に視覚などの感覚野（後頭部）と連動するからである。

男の場合、言語活動の中枢を占める命名野《ネーミング・サイト》とよばれる部位が、シルヴィウス裂溝（側頭葉の耳の上部に位置する）の周辺にあり、たんに名詞やそのイメージの喚起だけではなく、言語の連結と構造化をつかさどっているが、女の場合、それは前頭葉に位置し、脳卒中などの脳内出血から保護されている。これは種の保存の使命をになう女の身体が、いかに男の身体より高度の保護機構をもっているかの一例にすぎない。脳の仕組みだけではなく、脳の各部位の機能についてもこうした性差があり、それが思考の様態にジェンダー・ギャップとしての差異を生みだしているが、そのことについては後で述べよう。

われわれがプラクシス（意識的行為）とプラティーク（無意識的行動）と名づけた、人間の思考と行動にかかわる二つのレベルにしても、脳の記憶機構に関連している。

脳には、すぐに消失するような短期的記憶と、それらのなかで必要なものを選び、保存する長期的記憶との二種類の記憶機能があることは、かなり古くから知られていた。そのうえその二重の記憶作用が、新皮質と、側頭葉に接続する海馬《ヒポカンプス》とよばれる突起部分との相互作用にかかわることも、最近知られるようになった。

その詳細はまだ明らかではないが、少なくとも人間の長期的記憶は、電子計算機の記憶装置のような、なんらかの装置や収納室に貯蔵されるのではなく、カオス状に分散されていて、記憶の喚起は、その無数の回路のなかから必要に応じて特定の回路が選びだされ、そのニューロン（神経単位）が発火することで呼び出されること、いいかえればカオス理論のアトラクター（引力的特異点）のように、必要な記憶がその特異点に特定の回路とニューロンを引きつけて発火するということが、おぼろげながらわかってきた。

すなわち、プラクシスは短期的記憶過程にかかわっているが、それがプラティークの領域に無意識的構造として蓄積されるのは、長期的記憶作用のプロセッシングによることは明らかである。幼児の母語の習得は、単語をつなぎあわせるプロトランゲージ（原言語）の水準からはじまるが、それが長期的記憶作用のプロセッシングで無意識の領域に蓄積されていくだけではなく、言語として構造化されるのは、チョムスキーが先天的能力、あるいはピンカーが《言語本能》と名づけたような、人間に固有の記号の構造化能力に負っている。それがなんであり、脳のどのような部位や作用がかかわっているのか不明であるが、少なくとも百万年以上にわたる人間の記号活動の形成が、それをほとんど遺伝的なものとしたことはたしかである。

ある意味で、構造的な記号活動にかかわるこのプラティークの領域こそが、人間的自然と生物学的自然、いいかえれば人間的思考《マインド》と哺乳類的本能とを媒介し、理性と身体性とを統合する場であり、人間的尊厳や倫理と道徳の源泉であるといえる。

このように、われわれの脳を支配している目にみえない構造が、われわれの思考や行動をつくりあげていくが、それは人間だけではなく、自然と宇宙の本質そのものであるといってよい。

構造としての自然と宇宙

すでに述べたように、近代の自然科学の基本的方法論はいわゆる還元論であった。それは、物質世界や自然がばらばらの要素からなり、それらを結びつけているものも、同一次元の同一座標でそれらを関連させている系《システム》であるとしてきた。したがって諸要素がさらに小さな単位に還元されるなら、その単位とそれが属している系とを探求すれば、物質世界の究極の様相とそれを支配している法則が明らかにされるとした。

物理学では、それが他のなにものにも還元されない素粒子の世界であり、それを支配する法則が完全に明らかにされるなら、かつてスティーヴン・ホーキングが説いたように、物質の究極理論が完成され、物理学は終焉をむかえるとしたのである。

それが幻想にすぎないことが明確となるのに、それほどの時間はかからなかった。そのつまずきの石のひとつは、素粒子が数学的に零次元の点として認識されてきたことである。それがそのようなものであるかぎり、物質世界を構成する強い力・弱い力・電磁力・重力を統一的に記述することはできず、主として巨視的世界を支配する重力を、重力子《グラヴィトン》などという仮定の素粒子として扱うほかはなかった。

こうした仮定や矛盾をふくみ、四つの力の統合的記述の不可能な理論、批判者たちによって《醜い理論》あるいは嘲笑的に《素粒子動物園》とよばれる標準理論《スタンダード・セオリー》または標準モデルは、いまなお多くの物理学者によって信奉されているが、それを真っ向から粉砕する《超弦理論《スーパーストリングズ・セオリー》》、およびその哲学的・数学的背景としての《多重世界解釈《メニー・ワールド・インタープレテーション》》の出現は、科学革命というよりも、まさに世界像や世界観を一変する認識論的革命であった（詳細は北沢 一九九八年参照）。

その核心にあるのは、物質の最小単位は、零次元の点としての素粒子ではなく、10のマイナス33乗センチメートルという極微小のプランク尺度であるにもかかわらず、弦《ストリング》という位相構造をもつという仮説であった。その弦の振動のモード（様相）が、あたかもヴァイオリンの弦の振動が無数の音程や音色を鳴りひびかせるように、無数の素粒子とみられてきた無数の様態を生みだすとするものである。

そのうえ超弦理論は、物質の究極の単位が構造をもつことを発見したことによって、重力をふくむ四つの力の統合的な記述を可能にし、物理学を長いあいだ分裂させてきたアインシュタインの相対性理論と量子力学とのあいだにひろがった深い亀裂を修復し、巨視的世界・微視的世界の統一的認識をはじめて提示したのである。

さらにそこで明らかとなったのは、かつて異端の理論として退けられていた多重世界解釈が、超弦理論の登場とともに復権を果たしたことである。つまり一九二〇年代、量子力学が発見した微視的世界の異常なふるまいは、ニールス・ボーアをはじめとするコペンハーゲン学派によって微視的世界に閉じ込められ、この巨視的世界との二元論がコペンハーゲン解釈として、標準理論信奉者たちによっていまもなお正統とされてきた。

　しかし、すべてに不確定な確率論的法則が支配し、原因のあとで結果が起こるという古典的因果律さえ成立しない微視的世界の異常なふるまいも、巨視的世界の観測者が観測すると、たちまち決定論的に決定され、古典的因果律を回復してしまう。これを《波動関数の崩壊》または《状態ベクトルの還元》というが、コペンハーゲン的二元論では、この事実の説明は不可能である。

　多重世界解釈は、微視的世界の数学的記述に用いられる無限次元のヒルベルト空間が、たんなる記述上の約束事ではなく、実在の記述であるとして、世界または宇宙はわれわれの目にみえる宇宙だけではなく、無数の世界または宇宙の重ね合わせ《スーパーポジション》状態にあるとした。われわれの世界で事象や現象が決定論的であり、古典的因果律が作用しているようにみえるのは、その無数の世界がたがいに直交し、直交状態ではベクトルの積はゼロになるからであるとした。さらに標準理論ではハウスドルフ空間とされていた宇宙空間は、重ね合わせの可能なフレシェ空間とされ、《波動関数の崩壊》または《状態ベクトルの還元》といういわば化け物が退治されただけではなく、位相数学的にはまったく無矛盾の完璧な解釈が出現したのだ。

　超弦理論によれば、この無限次元はコンパクト化によって一〇次元に収束するとされるが、たとえ一〇次元であったとしても、われわれの目にみえる四次元の時空に、三次元空間が二つ重ね合わせの状態となる。そのうえ多重世界解釈によれば、これら多重世界または平行宇宙は、相互にミニ・ブラック・ホールともいうべきワームホールで結ばれていて、かつては非合理的心理現象として否定されていた超常現象なども、これによって説明可能となるという。

いずれにせよ、物理学の最先端で起こったこの認識論的革命は、世界像または世界観の変革として重大な意味をもちはじめている。

構造のダイナミズム

物質の究極の単位が位相構造をもつという発見は、位相空間としての宇宙のもつ多重世界という新しい性質とともに、近代の知の袋小路に陥っていた人間の思考体系や科学方法論に、突破口をうがつものであった。

すなわち、近代の還元論を超えるものは、かつて唱えられたように全体論《ホーリズム》ではなく、構造論だということである。

すでに触れたように、サイバネティックスや生態学《エコロジー》は、近代の典型的な全体論である。サイバネティックスは同一次元の回路にフィードバック回路をあたえることによって、ひとつの閉鎖系の全体的な自己認識を可能にした。また生態学は、ひとつの生態系を同じくある種の閉鎖系としてとらえ、その内部における生物種相互の有機的関連の全体像を明らかにしてきた。

こうした全体論の有用性を否定するつもりは毛頭ないが、超弦理論が相対性理論と量子論の超えがたい溝を埋めたように、構造論は、同一次元や部分的閉鎖系を超え、さらに両立不可能と思われてきた現象や法則をも統合する視点を切りひらいた。たとえばプリゴージンの提唱する《散逸構造《ディッシパティヴ・ストラクチャー》》である。

散逸構造とは、熱力学的にエントロピーとして散逸し、非平衡状態から平衡状態へと移行していく分子は、基本的に確率論的法則にしたがい、時間に不可逆的であるが、にもかかわらずそこには、決定論的で時間に可逆的な動力学的秩序がかかわっている。いいかえれば、散逸するものはただランダムに散逸し、消失するのではなく、生成し、発展し、散逸していくその過程のなかに構造をにない、実現しているのである、と（プリゴジン 一九八四年、北沢 一九九八年参照）。

熱力学の登場以来、本質的に両立不可能とされてきた動力学の決定論的な可逆過程と、熱力学の確率論的な不可逆過程とを、どのようにして結びつけることができるのか。プリゴージン自身がメタファーとしてあげている音楽を例に、その理論を私流に展開してみよう。

音楽は外部変数としての時間にしたがって流れ、特定の周波数の組み合わせとしての音響、すなわち大気の振動として散逸していく。だが同時にそれは、二重の意味で構造をにない、それぞれの内部時間をもつことになる。

ひとつの構造はいうまでもなく、音楽の記号としての構造である。西欧古典音楽の交響曲であれば、中心的意味をになう主題や第二主題、あるいはその展開や再現といういわば文法など、統辞論《シンタックス》と意味論が不可分に結びついた決定論的構造があり、意味を伝達している。この記号の構造と不可分に、音響の物質的な散逸構造がある。不可分であるのは、主題といった記号の特異点が回帰することが、同時に散逸する音響の時空上のアトラクター（すべての軌道を引きつける特異点）となるからである。

もしそれがインド古典音楽であれば、すべては熱力学同様、確率論的過程となる。なぜならそれは、季節と時間に応じて選ばれたラーガにもとづく即興演奏であり、すべては名人たちのそれぞれの判断と感性にゆだねられるからである。つまり記号の構造それ自体が、決定論的ではなく確率論的であり、ただラーガを構成する特定の音（音程とそれにともなう装飾法）だけが、西欧の主題と同じく特異点またはアトラクターとなっている。ここでは記号の構造と物質的な音響の構造とがより強く一体化しているがゆえに、記号と音響とにいわばデカルト的二元論ほどの距離があり、したがってやや観念に訴える側面の強い西欧古典音楽に比べ、それは、いわば心身一元論のインド哲学に似て、聴くものを身体的または生理学的に音響の渦に巻き込まずにはおかない。

そのいずれであれ、聴くものは、不可逆的な外部変数としての時間の枠内に流れる音響を聴いているにもかかわらず、ひとそれぞれ異なった内部時間を構成しながらそれを聴くことになる。すなわち聴くものの内部で、西欧の決定論的な主題であれ、乱流のなかに見え隠れするインドのラーガであれ、特異点またはアトラクターが絶えず喚起されることによって、ある種の時空の座標が形成され、記号的で物質的な構造が記憶され、感情や情緒が増殖されていく。これが内部時間、つまり聴くもの個々の内的履歴または歴史であり、そこでは主題やラーガという過去の時間の喚起として、時間の逆行またはマイナスの遷移が起こる、いいかえれば時間は可逆的である。

物理量はこのように熱力学同様、基本的に不可逆的で確率論的過程のなかに置かれているが、同時に内部時間を媒介として可逆的で決定論的な構造を実現している。これが《散逸構造》の概念にほかならない。その結果、構造概念それ自体が、かつて考えられていたような静的なものではなく、いちじるしく動的なものであることが明らかとなった。

構造のダイナミズムは、われわれをさらに新しい知の展望へと導く。

非線形性と構造

すでに十九世紀に登場した熱力学が、不可逆過程の問題で古典力学の牙城を脅かしていたが、しだいに増大した非線形問題がその基盤をゆるがし、ついには古典力学を終焉へと追いこんでいった。すなわち、不可逆過程が自然の基本的なありかたであるのと同様、非線形性は自然の本来の姿だという発見である。

たとえば蛇口を開けて容器に水を汲むとき、蛇口の開け方つまり初期条件が一定であれば、多少のゆらぎは無視しても、水は量という独立変数と時間という従属変数相互の関数としてたまっていく。

このように二つの変数の座標で直線のグラフとしてあらわしうる、あるいは一次式で表現しうる性質を線形性という。また代数においても、連立方程式の解の存在（ない場合もふくめ）を二つの座標の平面に投影することができるが、これも線形空間にほかならない。

非線形性とは、初期条件が定められず、現象や事象のゆらぎが無視しえないほど大きく、したがって量やベクトルを二つの変数の関数としてとらえることができない性質をいう。別にいえば、二つ以上の変数が相互に作用しあって変数自体が変化し、現象や事象の予測不可能な不可逆的変化を生みだすのが非線形現象であり、これがむしろ自然では一般的である。

たとえば気象などは典型的な非線形現象といえる。気象予測がしばしばはずれるのは、無数の変数が相互に作用しあう複雑な現象を、流体力学の線形方程式を組み合わせて近似値を求める摂動法《パーターベーション・セオリー》で解こうとするからである。それでも過去は、経験ゆたかな気象予報官のいわゆる勘で修正していたものが、すべて大型電子計算機《スーパーコンピュータ》の計算にゆだねられるようになった結果、逆に長期予報や季節の変わり目などの微妙な予測などでは、大きな狂いが生ずることとなった。

それはともかく、問題はこうした非線形現象を直接あつかうことの可能な数学的用具が存在しなかったことにある。ルネ・トムのカタストロフィー理論から近年のカオス理論やフラクタル理論にいたる一連のこころみは、従来とはまったく別の発想で非線形性の問題を解明しようとするものであった。すなわち、それらの基本的な考えは、量を無限小に還元してその連続的変化をとらえるとする微分法に代わり、非連続的でいわば質的な変化のパターンをとらえ、それによって非線形性や複雑性そのものにひそむ構造を明らかにしようというものである。そのためにそこでは、位相数学と離散系力学という一見かけはなれた数学系の結合がはかられることとなる（詳細は北沢一九九八年参照）。

微分法が、数学にかぎらず近代の自然科学を支配してきた《線形思考》の典型であるとすれば、ここではじめて線形思考に訣別する《非線形思考》のあゆみが開始されたといえるかもしれない。別のいいかたをすれば、非線形思考とは、この章の冒頭で述べた構造的弁証法のひとつのあらわれである。

つまり微分法は、ある意味でデカルト的二元論の数学的実現である。なぜなら、物理的現象や事象という客体に対して、主体はそれらの動きや軌道を無限小に還元し、連続的変化を計るという観念の体系をつくりあげるからである。それに対して非線形思考は、むしろ本来の意味で、唯一の実在としてのプラトン的世界を創造する。すなわちそれは、客体に直接対応する観念の世界ではなく、いわば現世を超えた無矛盾の論理の世界をつくりあげることで、逆に現世を照射してみる方法である。それが構造的弁証法であるといえるのは、構造という概念を媒介として、いわば現世と来世、理性的なものと身体的なもの、物質と思考など、すべてのレベルとそれぞれの対称をなすものが弁証法的に結びつくからである。

自然科学と人間科学の区分を超えて

自然科学と人間科学との対立自体が、限りなく透明な主観性のガラス箱の内側から世界をみるか、外側から――といってもすでにみたようにそこに映る外側にすぎないのだが――みるかといったデカルト的二元論の反映にほかならないが、われわれはいまやその区分を乗り超える知の展望を手にすることができるようになった。

人間の脳についてみたように、記号の構造が同時に脳の神経生理学的構造と重ね合わせとなっていること、あるいはそもそも記号が物質的なものと概念的なものとの重ね合わせであること、必然的に理性的なものまたはプラクシス（意識的行為）は感性的なものまたはプラティーク（無意識的行動）と重ね合わせとなっていることなど、人間の知それ自体が、相互に動的で弁証法的な多次元多様体の構造をなしていることが明らかとなってきた。さらにその動きは、構造的な非線形性をになっているといってよい。

知をこのようなものとしてとらえるとき、それはおのずから自然科学と人間科学との対立を無意味なものとする。あつかう対象や主題がなんであれ、厳密な方法によっていわばプラトン的世界につくりあげられた概念の系が、対象を全体として照射しうるかどうか、いいかえればそれが実在性を獲得するかどうか、という点に科学の成立がかかわってくる。

あえてそれをプラトン的世界と名づけたのは、科学的なモデルとしての世界は、たんに現実に直接対応していないというだけではなく、記号で構成されるにもかかわらず、それは記号についての記号というメタ（超）レベルにあるからである。

たとえばフラクタル理論における画期的発見のひとつであるマンデルブロ集合である。それは、任意の複素数Zの単純な位相力学的変換式 $Z \to Z^2+C$（Cは定数としての複素数）で、Zの初期値を0とし、えられた結果を次々と前項の変換式に代入するだけである。この定数としての複素数Cの算法に、任意の二つの実数をあたえ、さらにその計算結果を虚数軸・実数軸を座標とする複素平面に投影することで、あの膨大にして怪奇なマンデルブロ集合の図がえられる（北沢 一九九八年 一〇四頁以下参照）。

これは現実になんのかかわりもないプラトン的世界の遊びにすぎず、単純な、ただし無限の代数的変換を、複素平面に幾何学的に投影しただけのものであるが、自己相似変換の厳密な法則性を開示している。しかもこのプラトン的世界は、具象的あらわれはひとつひとつ違うにもかかわらず、同じ形態的パターンを無限に繰りかえしている自然の様相をみごとに照射している。

カエデの葉は一枚ごとに大きさその他の差異があるにもかかわらず、同じ形態的パターンで生成するし、人間もひとりひとり個性も身体的特徴も異なるにもかかわらず、同じホモ・サピエンスの形態的パターンで無限に生誕しつづける。有機体だけではない。天文学的な数の雪の結晶にしても、細部は無限に異なっているにもかかわらず、六角形の形態的パターンは不変である。海岸線や山脈にしても、結局は同一の形態的パターンを繰りかえす自己相似変換の集合にほかならない。

マンデルブロ集合は形態的な自己相似変換にかかわるものであるが、おそらく動物や植物の思考と行動様式などに関しても、質的で構造的な自己相似変換をみいだすことができるだろう。記号の対称を基本に成り立っている人間の思考体系にしても、種族集団によって異なる相互変換群であるとともに、その反復的なあらわれかたは、ある種の自己相似変換であるかもしれない。

ジェンダーと思考

すでにわれわれは人間の脳の機能に、男と女によって命名野の位置が異なるといったように、性別による大きな差異があることに注目してきた。たんに生殖にかかわる形態的・機能的差異だけではなく、近年明らかにされてきた脳をはじめとする身体的性差は、当然思考体系の差異を生みだしていると考えられる。

事実、多くの世論調査をみても、いたるところでいわゆるジェンダー・ギャップをみいだすことができる。安全保障問題ひとつをとりあげても、わが国のみならず国際的にも、女のほうが慨して平和や安定志向が強い。それは種の保存の使命をになう女の身体性が、主として観念にたよって生きている男の身体性に比べ、はるかに安定的・防御的につくられ、機能しているからである。

問題は身体的性差にもとづくこうした思考体系の差異が、われわれの新しい知の展望にとってどのような意味をもっているかである。

すでにたびたび述べてきたように、人類にとって普遍的な考えかたのひとつとして、ジェンダーの均衡（ジェンダー・バランス）がある。それは、法や秩序をつかさどる父なる天と、生成し、産みなす母なる大地とが均衡をたもつことによって、豊饒と安定が保証されるというものである、それをまた、父性原理と母性原理といいかえてもよい。

母系制であるアメリカ・インディアンの社会では、財産および生産や経済にかかわるすべては、女たちが継承する母系氏族に属し、日本の古語でいうマツリゴト、つまり政治と祭祀は、男の長老たちと宗教結社にゆだねられる。すなわち社会組織そのものが母性原理と父性原理をあらわし、ジェンダーの均衡を示しているが、これらの原理は実体的なものではない。これもすでに指摘したことであるが(詳細は北沢 二〇〇〇年参照)、ホピでは、自己が男であれば、躾の権利をふくむ非冗談関係は、実母をふくむ母方の氏族がにない、とりわけ母方のオジたちはきびしい父権を象徴する。逆に父方の氏族は冗談関係にあり、実父をふくむ父方の男たちは、もっとも親しい友人となり、また父方のオバたちは、甘えや性的関係を許す母性的なものを象徴する。すなわち自己が男であれば、母の氏族は態度の体系としてのきびしい父性原理を日常的に示し、父の氏族は温かな母性原理を示す(自己が女の場合はすべて対称的に逆になる)。

すなわち母性原理・父性原理は、人間の父母にはまったくかかわりのない宇宙論的な原理であり、記号のジェンダー的対称の源泉であるだけではなく、社会の作用素または演算子としての機能をはたしているのだ。

たしかにそれは神話的思考にもとづいている。だがそれは、人類にとって普遍的で古代的な宇宙論であるだけではなく、宇宙は、対称と対称の破れ、さらにはそれをより高い次元または超空間《ハイパースペース》で統合する超対称《スーパーシンメトリー》から成り立つという、最新の科学的思考による宇宙論と一致しているといっても過言ではない。

宇宙を女性・男性または陰・陽というジェンダーで徹底的に分類しているのはナバホや古代中国であるが、それを哲学的に体系化したのは『易経』である。宇宙の根源は太極にあり、太極は陰と陽の二気から構成され、さらに陰陽は老陰・少陰、老陽・少陽の四象を生成し、四象は八卦を生ずるとする。四象は古代ギリシア人のいう四大元素（地・火・風・水）に相当し、八卦とは、それらによって生みなされる宇宙の基本的現象や事象の八つのあらわれかたを指す。

陰と陽は、カントール集合またはカントール・ダスト（埃）の図に似て、一本の連続的な太線（陽）と、それを二分割した非連続的な太線（陰）の二爻《こう》として記号化されている。八卦はその二爻の三通りの組み合わせとしての三爻で表現される。たとえば八卦の最初の天（乾）は三本の太線で示され、終わりの地（坤）は非連続に分割された三本で示される。さらにこの三爻を二個組み合わせると、それぞれ同じ三爻二個を重ねた乾・坤を終始点として、六十四の卦が生ずる。六十四の卦は、それがふくむ陰と陽の気の割合によって意味を付与されている。この意味が、筮竹《ぜいちく》と算木《さんぎ》の偶発的な選択によってえられる占いに利用されることになる。

易占は、ジェンダー分類としての陰陽と、それをつらぬく二つの《気》という神話的にして科学的な認識を、確率的で偶然の選択と結びつけ、利用したものであるが、それは、黄道十二宮という神話的にして科学的な古代天文学が、占星術として利用されたことにきわめてよく似ている。

それはともかく、『易経』の認識が科学的であるというのは、万物は陰と陽との対称から成り立つというその基本的命題からである。電極や磁極の陰陽（マイナス・プラス）はもとより、微視的世界のいわゆるフェルミオンとボソンの対称、強い力と弱い力の対称から、宇宙の物質と反物質の対称、またそれらすべてにおける対称の破れが、超空間の介入で超対称に収束するなど、対称性は現代宇宙論の基本的命題でもあるからである。

知としての気

対称の問題だけではない。陰と陽の二気は、それ自体で母性原理と父性原理をになっているが、それが均衡をたもつだけではなく、相互の構造的弁証法を展開していることが重要である。

そもそも気という概念が問題である。気とはインド哲学ではプラーナとよばれる。要するにそれは、呼吸によって体内にとりこまれた酸素が、赤血球を媒介にして身体や思考を動かす燃焼的エネルギーと化すが、そのエネルギーの流れを指す。その流れは、神経系でも循環器系でもない身体の特殊な回路を循環するが、それぞれの特異点が鍼灸や指圧でいうツボ（経穴）である。症状に対応するツボを、鍼や灸あるいは指圧で刺激することによって気の流れが整序され、あるいは回復することでその治療が可能となる。

さらに、ヨーガの呼吸法《プラーナーヤーマ》、あるいは太極拳や気功の呼吸法（導引吐納術）によって訓練した者は、体内の気の流れを強化し、意識によってそれを自在に統御することができる。掌から気を放射することによって、患者のどの個所に疾患があるか診断できるだけではなく、その持続によって疾患そのもの治療が可能となる。内科的疾患だけではない。外傷や捻挫あるいは骨折といった外科的疾患の治療も可能である。そのとき掌からの放射は、ある種の熱線として感じることができるが、その実体がなんであるか、現在の電子的測定器具では、測定も分析も不可能である。

いずれにせよインド哲学や道教哲学《タオイズム》では、この気は、はじめは酸素分子のかたちで体内にとりこまれるが、循環し、燃焼することによって発散する生体的プラズマとなり、同時にそれは、宇宙に充満しつつ循環する宇宙的プラズマの部分的あらわれと考えられている。ヨーガの瞑想や気功は、気の流れに意識を集中することで、おのれの我(アートマン)を、宇宙の我(ブラフマン)または宇宙の自己意識と合一させようとするものである。自己の心身が宇宙の心身、つまりエネルギー的状態であると同時に物質状態である宇宙の究極の様相と合一した至高の状態を、サマーディ(三昧)という。

光の速度で運動する電子《エレクトロン》は、一瞬のうちに宇宙の果てまで到達し、また回帰することが可能だが、ヨーガや気功の実践とその合一の目標は、微視的世界やそれを解析する量子論からみれば、こうしたいわゆる粒子が混沌として運動する確率の波動のなかで、当然実現可能な選択である。

瞑想はまた、クンダリニー・ヨーガが典型であるように、下部のいくつかの神経叢を経由して、最終的に脳内に気を集中することであるが、それは内部のノイズを一掃することで脳をいわば浄化し、思考機能を極度に高めるはたらきをする。これが知の創造的な仕事に寄与するのは当然である。そのような実用性だけではなく、気そのものや気という概念は、われわれの目指す脱近代の知のなかで、正当な地位を占めなくてはならない。

すなわち陰陽の二気が、それ自体で母性原理・父性原理をになっているという点である。二つの気は、電磁波の陰極・陽極と同様に、対称性をになうと同時に相補性をもつが、その相互作用によって概念としてのジェンダーの均衡とその弁証法を構成するだけではなく、物質やエネルギーのレベルでも、ボソン的性質とフェルミオン的性質のふるまいからからはじまって、宇宙でそのような均衡と弁証法を実現しているかもしれないといえる。

さらに散逸構造においても、絶えず生成し変化する確率論的で不可逆的な過程は、陰の気とその母性原理のあらわれとみなすことも可能であるし、逆に、絶えず過去を喚起しながらそれらに構造をあたえようとする決定論的で可逆的な過程を、陽の気とその父性原理のあらわれとみなすことも可能である。問題は、その相互の弁証法とはいかなるものであるか、である。

プラティークとプラクシスの弁証法

われわれ人間も、生物のひとつの種として進化し、生誕から死にいたる内部時間をもつ個体としてだけではなく、社会の変転としての歴史をもち、その意味でひとつの散逸構造だといえる。その場合、時間に対して不可逆的で確率論的に散逸するものが、いかにして構造化されていくのか、が問題となる。

すでに述べたように、個体においても社会においても、歴史はプラティーク（無意識的行動）とプラクシス（意識的行為）との重ね合わせ、およびその弁証法からつくりだされていく。変化を生みだすプラクシスは、時間に不可逆的であり、確率論的に散逸していく身体や物質の状態にかかわる。個体の身体的変化、生物集団としての進化、生産や消費の熱力学的エントロピーのありかたなどがそれである。他方プラティークは、絶えず無意識の枠組や秩序に回帰する点で時間に可逆的であると同時に、つねに不変な定常状態をたもつ点で負のエントロピーを示している。

両者を弁証法的に結びつけるものは、思考体系である。なぜなら思考は、不可逆的で散逸にかかわる身体と、その感覚的で感性的な無意識の認識、つまり脳のプラティークの構造を源泉としながら、絶えず変転する現実への意識的対処や判断としての理性的認識、つまりプラクシスを起動し、その目的のために脳と身体を作動させるからである。

またプラクシスによってつくりだされた現実の変化も、それが個体や社会にとって必要不可欠なものであると判断されたとき、あたかも短期的記憶が選別されて長期的記憶となるように、プラティークのレベルに構造化される。不可逆的で散逸的な身体性のレベルに、可逆的で決定論的なプラティークの構造があり、それが無意識の参照枠組として、不可逆的で確率論的なプラクシスのレベルを規制する。またプラティークとプラクシスのこのような弁証法が、二〇〇三年何月何日といった外部変数としての時間から独立した内部時間を、個体や社会の内部につくりだす。それが歴史にほかならない。

ただ、誤って未開とよばれている社会や古代社会にあっては、プラクシスによってつくりだされる歴史は変化が少なく、したがってそれはすぐにプラティークのレベルにいわば降ろされることになる。彼らの歴史がつねに神話や伝説と不可分であるのは、このことに由来している。それに対して近代社会は、プラクシスによる変化や確率論的ゆらぎが大きく、無意識的思考体系や文化としてのプラティークとの乖離がはなはだしいため、歴史がそのレベルに降ろされることは少ない。まれに起こる革命や衝撃的事件などが、唯一プラティークのレベルに沈潜し、構造化され、おりにふれて喚起され、いい意味で神話化されることになる。フランス革命やアメリカ革命、あるいはアウシュヴィッツやヒロシマ・ナガサキなどがそれである。おそらく「九月十一日事件」とそれにつづくアフガン動乱も、やがてそのようなものとして記憶され、神話化されるにちがいない。

種族や国家の歴史だけではない。個人の内部時間としての歴史も、種族的なプラティークをアイデンティティの軸として展開するが、変化やゆらぎの大きい近代社会では、個人のプラクシスも外部変数としての時間に拘束され、プラティークとの乖離をしだいに深くするため、それぞれの歴史も内部に沈潜することなく、散逸してしまう。これがアイデンティティ危機の原因となるとともに、声高な自己主張と裏腹となっている近代人の自己実現妨害の要因となっている。さらに倫理や道徳の根源であるプラティーク・レベルの構造を意識から排除することが、近代社会に固有の倫理性の欠如を招くことになる。

脱近代の知とはなにか

ここでわれわれは、いままで展開してきた議論を集約し、脱近代の知とはなにかを述べることにしよう。

近代の知の決定的な誤りは、かぎりなく透明な主観性のガラス箱をもたらしたデカルト的二元論にあった。したがって脱近代の知は、その克服から出発しなくてはならない。

すなわち脱近代の知は、かつて唱えられた観念的または現象学的な心身の一元論ではなく、心身を構造的な対称性としてとらえる。つまり身体と思考または物質と思考がたんに不可分であるだけではなく、それ自体脳とそのはたらきを媒介とする多次元多様体であり、弁証法的な構造であるとする認識である。

多次元多様体であるのは、それが感性・理性やプラティーク（無意識的行動）・プラクシス（意識的行為）の構造的対称のみならず、母性原理・父性原理などの対称をも座標系として含んでいるからである。したがってそれは認識論として、還元論・全体論の対立を超えた構造論的全体性を、おのずから手にすることになる。

脱近代の知は、必然的に物質世界の認識と不可分である。時空の不可分性や多次元の超空間、あるいはそこで展開される対称と対称の破れ、高次元の介入による超対称の実現、さらに微視的世界の超弦理論的認識、多重世界的宇宙論などは、脱近代の知の出発点であり、われわれの思考体系の基底をなす。

また時間の不可逆性・可逆性や確率論的散逸と決定論的秩序といった、かつては二律背反と考えられていた熱力学と動力学とを統合する散逸構造理論も、それと深くかかわる現象や事象の複雑性・非線形性解明の諸理論とともに、脱近代の知の入り口をかたちづくる。

だがこれらの基本的認識は、精密に体系化され、数学的に厳密に記述されているにもかかわらず、人類が古くから所有してきた、古代やいわゆる未開の知からそれほどへだたったところにあるわけではない。むしろそれは、人類の知の王道の再確認であるとさえいえるだろう。

古代人や誤って未開とよばれてきたひとびとは、人類の種としての遺伝情報や基本的本能にもとづき、それと、自然や環境との数百万年にもおよぶ交流を通じて蓄積された経験的情報との弁証法的な統合によって、伝統的な知を形成し、伝承してきた。この身体的で感性的なプラティーク・レベルの知のうえに、日々のプラクシスをおこなってきたのだ。

いまわれわれに必要なのは、それぞれの種族によって具体的表現が異なるこの伝統的な知を復活させ、その精密化や洗練によって脱近代の知を構築することである。高度に抽象的なレベルでは普遍的でありながら、具体性のレベルでは種族によって異なる多様性は、その逆、つまり抽象性のレベルでは統合性を欠如し、具体性のレベルでは思考や文化の画一性を強制するグローバリズムと正反対なものである。

近代の究極のイデオロギーというべきグローバリズムは、熱帯雨林の破壊や多様な生物種の絶滅をはじめとして、刻々と地球環境を荒廃させ、人類の未来の生存を危うくし、自滅への道を歩んでいる。それを主導している近代の知を廃絶し、近代文明の転換をはからないかぎり、破滅は避けられない。

種としてはひとつであるが、種族それぞれの内部時間を歩んできた人類の文化的多様性は、自然環境との密接なかかわりによって、それ自体生物的・物質的多様性を基盤としているのであり、地球をゆたかにしてきた生物種の多様性と不可分である。地球のゆたかさこそ人類の未来の保証であり、したがって文化的多様性の回復こそ、脱近代の知の最初の目標にほかならない。

われわれはいまこそ、脱近代の知の航海をはじめなくてはならない。すべての寄港地や最終目的地が、いま海図上に書きこまれているわけではない。だが少なくとも、世界の画一化という目標にむかって暴走をこころみ、最初の挫折を味わいつつあるグローバリズムの巨船に代わり、それぞれの船が相互に他船を尊重し、協調しつつ、独自のキベルネティケー（操舵術）をこころみる時代がはじまろうとしている。そのとき船を導くのは、観念としての近代理性ではなく、身体と思考、自己と他者、プラティークとプラクシス、人間と自然など、すべてのレベルの相互作用をつらぬく作用素または演算子としての弁証法的理性である。

あらゆる場で、弁証法的理性がどのようにはたらいているか、を探りつつ、われわれは脱近代の社会や人間がいかなるものであるべきか、以下の章で探求しよう。

第五章　脱近代の社会をめざして

社会とはなにか

まず社会とはなにかが問題となる。そもそも社会という概念そのものが、近代の知の所産だからである。

たとえばホピでは、近代的な意味での社会は存在しない、といっても過言ではない。近年、合衆国の近代行政諸制度の形式的導入によって、実質的な母系制であるにもかかわらず、結婚した女は夫の家族姓を名乗るなどの混乱が生じているが、そこではいまでも近代家族は存在せず、トーテム氏族や家系《リネジ》が意識・無意識の基礎的な集団の単位であり、その外周を外婚制としての胞族《フラットリー》の枠組、あるいは宗教結社や村という絆が取り巻いている。一見すると、一夫一婦制の核家族が親から独立してひとつの階を占有する、あるいは一戸建の家屋をかまえるなど、近代家族の形態に近いものがあるが、彼らの生き方や思考や人間関係は、われわれとまったく異なっている。

彼らにとって社会というものがあるとすれば、それは母系氏族のになう母性原理としてのナリワイ（生業＝サブシステンス）と、トーテムそのものや宗教結社、あるいは村という単位がになう父性原理としてのマツリゴト（祭祀＝政治）との、宇宙論的なジェンダーの均衡を機能させているなにものかであって、近代社会学の考えるような、思考体系から分離した制度的実体ではまったくない。

ホピにかぎらない。マリリン・ストレイザンはメラネシアについての価値ある本の冒頭で、《社会人類学者にとって、彼または彼女が社会というものをもたないひとびとを想像しうると示唆することは、不条理と思われるにちがいない。しかしながら社会概念が分析に有用であるとしても、われわれは〔それに対応する〕土着的な対応物に訴えて、社会概念の有用性を正当化しようとは思わない》（Strathern 1988. p.3）と挑戦的に語っている。

彼女はそこで、アメリカ・インディアンとは異なって父系継承ではあるが、パプア・ニューギニアの諸部族が儀礼や祭祀からナリワイとしての経済にいたるまで、女性・男性の精密なジェンダー均衡の網を張りめぐらせ、その絆をたどり、無意識的に意味を解読しながら生活していることを明らかにした。そこでは実態や制度としての社会を認めることができるが、ひとびとにとって重要なのはこのジェンダー均衡の網の目なのであって、それが彼らの《社会》なのだ。

わが国の古代や中世も同じであっただろう。近年、中世では水田による稲作は耕地面積の一部でしかなく、生産量もかぎられていたとして、《水田中心史観の克服》が唱えられ、マス・メディアの注目を浴びてきた（網野 一九八〇年参照）。それは事実であるだろうし、過去の経済生産の実態を明らかにすることは重要である。だがそのことがただちに、わが国における稲作の中心的重要性を否定することにはならない。

なぜなら稲は、年貢や租税制度の中心的役割を果たしてきただけではなく、少なくとも縄文末期以降のわが国の神話的思考の特異点として、儀礼や祭祀に不可欠の記号的機能をになってきたからである。すでに他の場所で分析したように（北沢 一九九一年、二〇〇二年参照）、中緯度地帯にあるわが国でこの熱帯作物を栽培するのに必要な、夏の太陽の強い光熱と、過少でもなく過剰でもない梅雨どきの適正な降雨をねがう冬至の儀礼（ニヒノアヘ）から、田植えとそれにつづく夏至の儀礼（サナヘ）にいたる稲作の儀礼暦は、そのまま記号的に変換され、いわゆる三貴子の誕生から《天孫降臨》にいたる日本神話の中核として表現されている。

またそこには母なる大地イザナミとその息子にして水の統御者である守護神スサノヲ、父なる天イザナキとその娘にして太陽女神であるアマテラスと、すでに神話の主役からしてみごとなジェンダー均衡が示されているが、こうした神話的思考こそが古代や中世の《社会》を無意識に統合している最大の絆であって、制度や制度的実体はこうしたプラティーク・レベルの体系から生みだされたものにほかならない。

《書かれたもの《エクリチュール》》としての史料にのみ頼る歴史学や思想史が誤りであるように、過去の制度や経済生産の実態から古代や中世の歴史あるいは社会を解明しようとする歴史学も、たんに唯物史観の名残をひきずっているだけではなく、結局近代の社会概念や歴史概念で過去を認識する誤りを犯している。

内面の絆

このように、かつては、トーテムや記号的象徴としての稲といった内面の絆が、近代的意味を超えた「社会」を統合する力であった。しかもそれは、たんに思考のレベルに存在しただけではなく、制度や組織をうごかす現実の力でもあった。

たとえばわが国では、中世では母なる大地の守護神スサノヲを祀る熊野信仰が一般的であり、近世では父なる天の愛娘で太陽女神アマテラスを祀る伊勢信仰が一般的であった。そのいずれも稲作に不可欠な水の統御者とその姉である太陽への信仰であって、両者の和御魂《にぎみたま》の協力によってのみ豊饒がもたらされると考えられていたからである。だがこれらの信仰は、熊野詣や伊勢詣のおびただしいひとびとによって地域経済がうるおった、などという問題にとどまらず、天と地を背景にする両者のジェンダー均衡こそが、政治や倫理の源泉であり、社会の平和と繁栄を保証するものとして、現実の支配力をたもっていたのだ。平安末期の「やすらひはな」や江戸時代の「お蔭まゐり」などの大衆運動も、古代末期や近世末期の危機の時代に、政治にこのジェンダー均衡の回復を訴え、世直しをはかろうとするものであった。

天と地または父性原理と母性原理の両者を、さらにはこれら神々の世界と現世とを儀礼的に媒介し、豊饒を祈るのが天皇であり、それをささえる制度が、古代から近世にいたる天皇制であった。実際の政治権力がだれの手にあろうとも、マツリゴト（政治＝祭祀）の中心としてのこの天皇制の役割を理解しないかぎり、古代から近世にいたる日本の社会を理解することはできない（くわしくは北沢二〇〇二年参照）。

明治以後の近代化の激動のさなかにあっても、農漁民たちは自分たちの豊饒の源泉として、毎朝昇る太陽に柏手《かしわで》を打ったのであり、近代的に変質した天皇制にも変わらぬ信頼をいだいていたのだ。その習慣が失われたのは、第二次世界大戦の敗北以後にすぎない。

このような社会の内面の絆は、ときには驚くべき具体性をもって実現されている。たとえばオーストラリア・アボリジニーの諸部族である。彼らにとっての内面の絆は、トーテム的祖先たちがかつてこの地上で生きていた《ドリーム・タイム》である。儀礼や祭祀にあたってこの神話時代を喚起することを、英語でドリーミングというが、ドリーミングは伝承されている無数の歌によって実現される。それらは特定の儀礼や祭祀に応じて一連の組み合わせとなり、ソングライン（歌の線）と名づけられるが、これらのソングラインは神話にかかわる観念の表現であるだけではなく、ドリーム・タイムの時代に祖先たちが創造したこの地上の事物の、精密な地図ともなっている。太陽の位置で方角をみきわめさえすれば、あとは、たとえば泉や岩山を読みこんだ特定の歌をうたいながら歩くことで、聖なる泉に到達したり、聖なる岩山を遠望する地点にいたることができる。ソングラインはひとびとの内面を結びつける絆であるだけではなく、具体性をもった統合的な知として部族社会を支配している。

ソングラインは部族の社会的コミュニケーションの目にみえる糸であるが、たとえ目にみえないとしても、このような内面の絆の無数の糸が織りなす網《ウェブ》が、本来「社会」というものであって、たびたび繰りかえすように、制度や制度的実体はその所産にほかならない。

このような内面の絆がまったく失われ、外部的には統治と行政の機能的対象でしかなく、個人的にも生活上の種々の利便を受けるための機能的対象でしかない近代社会は、すでに内面的に崩壊し、逆に「社会」の名にあたいしない社会となっているといっても過言ではない。だが、近代化の悲劇は、ひとたびそのような絆を失ったとき、もはやその回復は不可能だということである。なぜならたびたび指摘したように、内面の絆を非合理的なものとして排除し、プラティーク（無意識的行動）・レベルの構造を徹底的に破壊してきたのが近代社会だからである。われわれの荒廃したプラティークに、ふたたび構造をつくりあげるような、新しい書きこみは可能なのだろうか。もし可能だとすれば、その内容はどのようなものであるのだろうか。

プラティークへの新しい書きこみ

問題は、プラクシス（意識的行為）によってつくりだされる観念的な「思想」や「道徳」などを、いかに努力してプラティークに書きこもうとも、それは無意識の構造にはならないという点である。感性や身体が慣習的なものとして受けとめないかぎり、それは観念にとどまり、やがて忘れ去られていく。感性や身体性に訴えるプラティークへの書きこみとは、いかなるものであるのか。

その答えをみいだすためにも、われわれはまず、人間の社会の基本的な仕組みから考えてみよう。

類人猿と同じく、ヒト（ホモ・サピエンス・サピエンス）も集団によって生活する動物である。ボノボやチンパンジー同様、血縁は母系・父系あるいは双系などで継承されてきた。だが進化の途上で言語をはじめとする記号による思考を獲得した結果、集団そのものも記号化され、意味をになうにいたった。それが天地万物のなにかを象徴的記号として選ぶトーテム（神話上の祖先）であり、ひとつのトーテムを共有する集団、つまりトーテム氏族であった。トーテムという内面の絆をもつ諸集団の集合体が、部族または部族形態をもたない種族集団となった。部族の場合には、氏族を超えた宇宙論的意味をになう組織として、胞族《フラットリー》や半族《モイエティ》などが内部に形成される。

トーテムをはじめとして、胞族や半族などすべては、結局は宇宙や自然と人間の集団との関係をあらわすものといってよい。ホピの婚姻組織である胞族についてはすでに述べたが、たとえば合衆国南西部プエブロであるサン・イルデフォンゾ族の半族を例にとれば、それは宇宙と自然の時空を対称として表現する宗教組織である。

すなわち、それは都市計画的な空間をもあらわし、東西に走る中央の道路をはさみ、半族「トルコ石」は村の北半分に居住し、一年の季節を二分する冬の儀礼や祭祀をになう。それに対して半族「カボチャ」は、南半分に居住するとともに、夏の儀礼や祭祀をつかさどる（実際の居住関係は婚姻関係にともなってもっと複雑であるが）。トルコ石は地中から産出するが、その青色から天と父性をあらわし、夏季の作物カボチャは、地を這うその蔓や子宮を象徴するその球形の実から地と母性をあらわす。

この記号の対称は、観念として存在するのではなく、特定の儀礼や祭祀、またそれらにともなう衣裳や道具や踊りなどの差異、あるいは儀礼的競争や競技での対抗意識など、日常的に感性や身体性として存在している。しかもそれはトルコ石やカボチャという記号の具体性を通じて、彼ら独自の工芸や農耕と不可分に表現されている。

このことは、プラティークへの新しい書きこみが、生活と不可分な記号の具体性を通じてしか可能ではないことを教えている。だがかつての非近代社会と異なり、生活環境すべてが極度に人工化され、情報が二次的なものとして抽象化されてしまったわれわれの社会で、そのようなことができるのだろうか、という疑問が浮かぶのは当然である。

しかし、われわれがヒトであるかぎり、生活の根底には食や性といった生物学的欲望にかかわる記号の具体的世界がひろがっている。それが社会の内面の絆の再構築のためのひとつの手がかりとなる。それを考えてみよう。

母性原理としての農林漁業

近代の知が犯した最大の誤りのひとつは、経済を手段とみなし、すべての生産をそのための機能的分業制度として整序したことである。

たしかに生産や経済は、人間が生きるための手段である。だが同時にそれは、自然資源をいかに活用し、再生し、循環するかという大きな図式の実現として、創造的な目的であり、各種族の宇宙論と不可分であった。わが国の稲や稲作にまつわる生産や経済、あるいは儀礼や祭祀が、その典型であった。だが近代化とともに、稲作をはじめとする農業はその創造的意味を失い、儀礼や祭祀と切り離され、たんなる農業生産や農業労働と化してしまった。

農林漁業がたんに一次産業として位置づけられ、生産量とそれにもとづく取引として市場化される、あるいはいわゆる計画経済の一環として組みこまれるとき、それは必然的に産業社会や産業経済の論理を強制されることになる。効率や生産性の向上が第一義的となる結果、農業の工業化ともいうべき《緑の革命》《グリーン・レヴォリューション》や、原生林や自然林の皆伐とそれに代わる単一生産材の植林、あるいはトロール方式などによる漁業資源の乱獲にいたるのは当然である。水資源の乱用、農薬と化学肥料の多投は一時的な収穫量の急増をもたらしても、すぐにゆたかな土を不毛にし、国土を荒廃させる。森林の荒廃や漁業資源の枯渇についてはいうまでもない。

母なる大地を荒廃させ、人類の未来を危うくするこの状況をただちに転換させるためにも、農林漁業に本来の創造的役割をとりもどさなくてはならない。伝統的宇宙論そのものに復帰することは不可能にしても、それらをかたちづくっていたプラティーク・レベルの論理を復活させることは可能である。はたしてその論理とはなにか。それは母なる大地がみずからのうちにもつ、母性原理というべき力と論理にほかならない。

まずその力である。すでに指摘したことであるが、中国の漢方医薬や鍼灸法あるいは気功、またインドのアーユルヴェーダ（医学教典とその医療体系）など、古代文明は自然そのものから驚くべき医療体系をつくりあげてきた。それどころか近年、誤って未開とよばれる社会の専門家たち、つまりメディスンマンやシャーマンなどとよばれるひとたちが、ほとんど魔術的ともいえるような自然医薬の調合や治療をおこなっていることが明らかとなってきた。

ウェード・デーヴィスやマーク・プロトキンといった民族植物学者たちは、ハイティのヴォドゥン教のメディスンマンや、アマゾンの諸部族のシャーマンたちが使用するさまざまな自然医薬やその合成薬、あるいは幻覚剤や懲罰用の毒薬などのもつ、劇的な効果を明らかにしてきた（Davis 1988. プロトキン 二〇〇二年参照）。ヴォドゥンの司祭が大罪を犯した者に処方する秘薬《ゾンビ・パウダー》は、服用後、近代病院で完全な心臓死と認定される状態であるにもかかわらず、意識は明晰にたもたれ、数日間の墓場への埋葬という恐怖を犯罪者にあじわわせる。あるいはシキヤナ族のシャーマンが調合した秘薬は、西洋医にとってほとんど末期症状と思われる女の糖尿病患者を、数日で快癒させ、彼女はなにごともなかったかのように畑仕事にでかけるのをプロトキンは目撃した。

ゾンビ・パウダーもシキヤナの秘薬も、持ち帰られ、化学的分析がおこなわれたが、その正体は結局明らかとはならなかった。東洋医学の気や経穴が物理学的測定器具になじまないように、これらの秘薬の成分のいわば非線形な相互作用は、化学的分析や測定の線形性にまったくなじまないのだ。

母性原理と父性原理の論理

これらは、母なる自然のもつ力の一例にすぎず、古代や誤って未開とよばれる社会は、その力を十分に認識し、利用してきた。医薬のような複雑な体系でさえこうである。まして農林漁業において、自然の力がいかに利用されてきたか、いうまでもないだろう。

食の安全や栄養、あるいは美味の追求のため、いま自然の循環にもとづく有機農法の回復が叫ばれている。そのこと自体はまったく正当であるが、自然そのもののもつ力を利用した《自然農法》の原理が、そのうえにさらに探求されなくてはならない。

たとえばホピの農法は、合衆国の農業学者や民族植物学者たちを驚かせた自然農法である。年間降雨量二百数十ミリという砂漠地帯で、灌漑も肥料も使わず、赤・青・黒・白・黄色・灰色などの色彩の、二〇数種に昇る品種のトウモロコシを栽培し、かつては完全な自給自足をおこなってきた。風の媒介でその年々には混色のトウモロコシが生じ、食用にするが、品種管理は厳密であり、色彩や品種はそのまま数千年もたもたれてきた。ひとつの品種が病虫害にやられても、それは他の品種に波及することはない。アンデス地方のインディオの、数百種にも昇るジャガイモ栽培についても、まったく同じことがいえる。

あるいは現代のいわゆる文明諸国でも、自然農法はこころみられてきた。わが国では福岡正信が稲作でそれをおこなってきたし、インドではヴァンダナ・シヴァの指導下で、自然農法と有機農法との混合農法が、めざましい効果をあげつつある。いずれも自然の自己浄化力や回復力を利用し、多様な有機物や微生物をふくむゆたかな土をつくりあげ、その力を作物栽培に生かしている。ヴァンダナ・シヴァはそれに加え、種子銀行をつくり、稲だけでも数百種の種子を貯蔵し、乾燥地や多湿地など条件に応じてそれらを選び、また生態的に有効な組み合わせの作物を混合して植えるなど、古来の農法を科学的に復活し、農業自体の生態系創造をこころみている。

これらすべてに共通する論理は、母性原理・父性原理のジェンダー均衡という宇宙論のなかで、まず人類を養う母なるものが出発点であり、その力とゆたかさの探求の過程に、父なるものの法や法則を知らなくてはならない、というものである。遊牧や牧畜をもふくむ広義の農林漁業は、それ自体で成り立っているのではない。気候風土をはじめとする地学的諸条件、またその年々の気象の変化など、それこそ無数の変数の非線形な相互作用から生成する。長老たちの伝承と経験からその結果を予測することはできるが、人間はそれらの条件や非線形な法則を変えることはできない。基本的には人間に豊饒を約束する母性原理、そしてときには不毛や荒廃をもたらしかねないきびしい父性原理、その両者のあいだで、両者の弁証法を解読しながら仕事をするのが人間の知であり、プラクシスである。そしてそのようなプラクシスの蓄積のみが、プラティークへの書きこみを可能にする。

つまり、脱近代の社会に必要な新しい内面の絆とは、種族や宗教あるいはいわゆる文明などの枠を超えて、この母性原理と父性原理との普遍的な弁証法を認識し、その力を秘めた宇宙や大自然への畏敬の念をあらたにすることである。

しかし問題は、農林漁業にたずさわるひとびとが、人口のわずか一〇パーセントにも満たず、大部分が巨大都市に居住するいわゆる先進諸国で、そのような内面の絆を回復することが可能か、である。

生産と消費のありかた

現在の体制は、あらゆる面での中央集権とそれによる制御から成り立っている。

《緑の革命》による農業の巨大工業化についてはすでに触れたが、社会の中心的役割をになう巨大技術開発と巨大工業生産、あるいはそれを支える巨大流通網や巨大通信網、さらには巨大交通網、ひとびとの欲望を刺激する巨大広告機構やマス・メディアなどすべてがそうである。またそれが、巨大消費というよりもむしろ浪費をうながしてきた。グローバリズムとは、集権化をさらに効率化することであり、巨大多国籍企業や金融機関によるより高度で高速な制御や支配を可能にすることであった。

人類の破滅に通ずるこの道を転換するためには、生産と消費のありかたを、前節で述べた内面の絆を回復し、それによって両者を経済的手段ではなく、創造的サークルまたはネットワークとして再建する方向で変革するほかはない。いいかえればそれは、すべての面での巨大性の支配を終わらせ、ひとびとのそれぞれの主権が及ぶ範囲での体系をつくりだし、その連合体としての社会を創造することである。それはまた一口でいえば、シューマッハーの提唱する《スモール・イズ・ビューティフル》または《スモール・イズ・ベスト》が、モットーとなるような社会である（シューマッハー 一九八六年参照）。

まず巨大社会をうごかしているエネルギーを考えよう。原子力や化石燃料に依存したエネルギーの巨大な集中化を解体するためには、エネルギー源の転換と同時にその分散をはからなくてはならない。個々の建物や家屋の太陽光発電装置、条件のよい場所での風力や波力発電はすでにはじまっているが、有機肥料生産をも兼ねた生物資源《バイオマス》による農村の発電プラント、高度技術で可能になった小規模水力発電、ごみ焼却場の廃熱利用の発電や暖房、あるいは開発中の水素を熱源とする燃料電池など、環境問題解決のための高度技術が可能にした新しいエネルギーは、そうした転換と分散化を容易にしている。

こうした問題の技術的・経済的側面についてはひろく論じられているが、エネルギーの転換と分散化がどのような社会的意味をもち、脱近代社会の構築に寄与するのか、まだ検討されたことはない。それは、生産と消費のありかたを変えるひとつの手がかりとなる。

なぜなら、エネルギーの生産が身近なものになることによって、まず消費者の意識が変わるからである。太陽光発電の設置者が多数となり、その連合組織がつくられるなら、エネルギー問題に対する消費者の発言力も増大する。あるいは風力・波力・生物資源などのエネルギー・プラントの、地域住民による管理組織が立ち上げられるなら、それは地域のエネルギー問題だけではなく、地域の経済問題に対しても大きな創造力を発揮することになるだろう。

エネルギーだけではない。農林漁業についてもまったく同じことがいえる。食の安全や質の確保のために、消費者と生産者を結ぶさまざまな組織や運動が活動しているが、それらが独自性や自立性をたもちながら、明確な理念を共有し、消費者と生産者が対等に運営する共同組織《コンミュナル・オーガニゼーション》として成長し、その連合体をかたちづくることが望ましい。むしろ地域に密着すると同時に地域を超えたこうした共同組織こそ、脱近代の社会で中心的役割をになうべきものなのだ。

地域分権と共同組織《コンミュナル・オーガニゼーション》

政治的中央集権に対して、わが国でも地域分権の声は古くからあげられていた。しかし近年のその主張は、いわゆる小さな政府の実現のために、権限や税制のかなりの部分を地方に委譲し、行政や財政の効率化をはかるものにすぎなかった。事実、そのためには逆に、市町村を合併させてなるべく大きな行政単位にし、都道府県はより効率的で広域の道州制にあらためるべきだ、というものである。

こうした主張は、あくまでも統治者からの視点であって、むしろ地域住民の立場に反するものである。いいかえればそれは、第二章で述べた《国家的なもの》の論理の貫徹としての地域分権にすぎず、個人の私権の統合としての《市民的なもの》の表現でさえなく、まして個人の主権にとっては、むしろ抑圧的なものでしかない。なぜなら、たとえそれらの首長や議会が民主的な手続きで選ばれたものであるとしても、それは国家的なものの論理を修飾する多数意志の修辞法にほかならず、行政単位が大きくなればなるほど、それは個人の主権にかかわる一般意志から遠ざかっていくからである。

国家的なものの論理を超えた地域分権がありうるのだろうか。またなぜそれが必要とされるのだろうか。それが、ここでいう共同組織《コンミュナル・オーガニゼーション》の問題と密接にかかわってくる。

エネルギーや農林漁業、つまりいわゆる第一次産業における生産と消費のありかたを変えるものとして共同組織をあげてきたが、それは環境やリサイクルの問題に関連して、いわゆる第二次産業でも当然組織化され、新しい技術をになう新しい型の地域産業の主体となりうるし、さらに地域づくりから教育にいたる地域の知の形成にかかわる組織なども考えることができる。それら共同組織の連合によって、ひとびとの主権の集合としての一般意志表現の場が成立する。当面それは既成の諸制度の補助的役割をはたすとしても、将来はむしろ社会の主体となっていくにちがいない。

まず、共同組織なるもののありかたと、その論理を追求してみよう。当然それは、一般意志とはなんであるか、という問いに帰着する。

すでにみたように、身体性や感性をふくむ個人の全体的な人権と、それにもとづく自己支配権としての主権は、人間にとって基本的な《野生の自由》というべきものであった。野生動物たちと同じように、ルソー的意味での自然状態であれば、それらは相互に侵害したり、されたりすることはなかった。またそこには、プラティーク・レベルに種族の宇宙論による《私の共有性》が存在し、その内面の絆が社会を強固に統合していた。それが種族共同体の万人に共有された一般意志の源泉であった。つまり、それらがまったく失われた社会で一般意志を再生するためには、《関心の共有性》とでも名づけるべきものにその源泉を求めるほかはない。《関心》には当然利益がふくまれるが、それは私権の主張にともなう経済的利益ではなく、自己実現または自己福祉ともいうべき利益である。

すなわち、《野生の自由》には《野生の思考》としての私の共有性が存在していたが、《脱近代社会の自由》の確立のためには、《脱近代の思考》としての関心の共有性が必要とされるということである。具体的に考えてみよう。

関心の共有性

《私の共有性》が存在していた時代では、地域共同体は一般意志のにない手としての機能をはたしていた。たとえばわが国では江戸時代、農民は村落共同体でかなりの自治を享受し、村寄合いはその自治をささえる民主制度であった。だが、明治の近代化とともに、それは村役場や村議会などといった行政の単位に変換され、逆に国家的なものの意思を伝達する機関となった。

近代民主制が確立した第二次大戦後でさえも、それらはかつての村寄合いほどの一般意志の表現機能をはたすことにはならなかった。なぜなら、近代民主制はつねに多数意志の媒体にすぎず、少数意志、とりわけ先進的な意見をもつ少数者はそこから排除されるからである。中央集権の体制下では、地域民主制も所詮国家的なものの意思の下請け機関にすぎない。この意志結集のベクトルが逆方向にむかないかぎり、一般意志の民主主義は成立しない。

地域共同体がかつてはたしていた役割に目覚めるのは、地域にかかわる大きな問題が生じたときか、町や村の改新《リニューアル》など新しい《町または村づくり》、あるいは町や村の文化的・経済的活性化のための《町または村おこし》の機会である。

原子力発電所の建設、あるいは環境破壊となりかねない大型ダムの計画など、地域住民の利害に直接かかわる問題では、経済的見かえりを要求して町や村のいっそうの近代化をはかろうとする推進派と、従来の生活を維持したいひとびとから安全性や地球環境の保全を考えるひとびとにいたる反対派とが分裂し、はげしい政治的対立を引き起こすのがつねである。だが出発点が生活の維持という保守的要求であったとしても、運動の過程の学習で、反対派に大きな理論的優位が生まれるのもつねである。なぜなら、国家的なものの要請を背景にした推進派に対して、反対派はその要請そのものの論理を理論的に突き崩さなくてはならないからである。

こうして地域住民運動にはすぐれた指導者が輩出したし、今後も生まれるだろう。しかし問題は種々の努力にもかかわらず、この関心の共有性が地域を超え、個別の問題を超えたひろがりと持続性をもちえず、そのため少なくともわが国では、国際的な反グローバリズムのうねりの一翼となっていないことである。その限界を超えるには、地域を超えた集団的連帯とともに、個別の問題を超えて関心の共有性を集団的創造性にまで高めることが必要である。それについては後で触れよう。

《町または村づくり》および《町または村おこし》についても、まったく同じことがいえる。そもそもこれらの課題について、ほとんどの地域自治体が、住民参加を要請しないことが問題であり、そこに住民へのサーヴィスは上から供与するものであるとするわが国の地方自治体の古い体質があらわれているが、たとえその障壁を打ち破ったとしても、住民参加の方式が問題となる。

これについては、一九六〇年代末に登場したアメリカの新しい文化革命に適合したやりかたではあったが、建築家で都市計画家のローレンス・ハルプリンとそのグループが七〇年代におこなった実験が大きな参考となる。

一般意志の結集

アメリカ合衆国では一九六〇年代、ニューヨークのハーレムやブロンクスあるいはブルックリンが典型であるような、大都市中心部の荒廃と、その代替として新設された大規模で画一的な集合住宅群の、犯罪の多発による急激な無人化やそのあとの廃屋化に悩まされ、州や市あるいは連邦政府の主導する上からの都市再開発《アーバン・リニューアル》の挫折が問題となっていた。

それに対してハルプリンとそのグループは、計画の段階から住民が参加するワークショップ方式を提唱し、みごとな成果をあげるにいたった（方式そのものについてはHalprin & Burns 1974参照）。それはある都市計画が課題となったとき、専門家たちや担当官僚だけではなく、参加する意欲をもった住民は、たとえ子供であってもそこに加え、ワークショップを開く。ワークショップでは全員がそれぞれ自主的に日程表や見学コースをきめ、それにしたがって町を歩き、観察し、自由にメモやノートを取る。それぞれの足跡は共通のコードを使ったスコア（一覧表）としてあらわし、それぞれの関心がどこにあるかを全体的に知る手がかりとする。メモやノートにした意見や感想、あるいは夢や希望などは全員の討論の材料とするが、むしろ意見の対立があることが力の源泉とされる。なぜなら議論が白熱するほど、全員の関心は高まるからである。

とりわけ《文化革命》的であるのは、この集団にパフォーマンスや遊びをとりいれ、ひとびとの交流を深めるだけではなく、どんな意見でも自由に表明できる《心を開いた《オープン・マインデド》》場をつくりあげることである。こうしてしだいに高度の関心の共有体に成長した集団からは、専門家も驚くほどの創造性が生まれ、斬新な都市計画が誕生することになる。こうしてヴァージニア州シャーロッツヴィルの荒廃した中心部は、緑濃い遊歩道としゃれたショッピングモールとして甦り、サンフランシスコの漁港《フィッシャーマンズ・ワーフ》の古いチョコレート工場は、その建物をそのまま保存したモールや芸術の館に変身した。

この集団的創造性をひきだすこころみには、ローレンスの妻アン・ハルプリンと、彼女がひきいるサンフランシスコ・ダンサーズ・ワークショップの経験が大きく生かされている。それはさらに遡れば、ポーランドの演劇家イエルジ・グロトフスキの提唱した《集団的即興》にもとづく「貧しい演劇」の理念にまでいたりつく。ここでその詳細について述べる余裕はないが（北沢　一九八八年参照）、それは観念やいわゆる思想などにもとづく友愛などというものではなく、感性や身体性のレベルにまで深く到達するオープン・マインドの連帯性であって、それはほとんどヨーガや老荘のいう《無》の実現であるといってもよい（事実グロトフスキやアン・ハルプリンの集団もヨーガを実践している）。

これは、現代社会における一般意志の結集とその表現のひとつのモデルである。都市計画や芸術にかぎらず、すべての領域での関心の共有体がこのようなものとして形成されれば、それは現代社会を大きく変える力となりうる。すでにさまざまな非政府組織（ＮＧＯ）や非営利組織（ＮＰＯ）がいわゆる先進諸国の内部で活動しているが、これらはここでいう関心の共有体の原初的な形態にほかならない。

これら既成組織それぞれの関心の内容やありかたは多様であり、ひとつの《私の共有性》としてくくることはできない。だがその多くは、グローバリゼーションの圧倒的な波涛のなかで、ますます悪化する環境問題や増大する国際的・国内的貧富の格差、文化の多様性の破壊と強制的画一化、それらに対する反撥としてのゲリラやテロリズムの激化など、世界の恐るべき現状を根本的に変革しないかぎり、人類に平和と安定はもたらされないと考えている。この変革への意欲こそが、新しい私の共有性の基盤にほかならない。

これら萌芽として存在している無数の関心の共有体を、いかによりひろい一般意志の結集へと結びつけていくか、それが今後の課題となる。

地域社会の変容

自由な個人の集合としての関心の共有体は、また従来の地域社会のありかたを変える要因ともなる。わが国の地域共同体、とりわけ地方のそれは、明治以後の悪しき伝統を色濃く残し、地域の行政の下請けや長老の支配などで、自由な個人にとってときには強い拘束や束縛となる。家族や親族のありかたによっては、それはいっそう強固なものとなり、個人の自己実現を妨げるものとなる。

しかし地域にかかわる関心の共有体がその数や成員を増大させれば、地域のさまざまな問題の自己決定は、おのずからそれら共有体に主導権を移すことになる。共有体に結集されたそれぞれの一般意志がさらに全体的な一般意志となり、共有体以外のひとびとの意志と統合されていけば、それは地域社会の変容をもたらさずにはおかない。

個々の問題で対立が生じるとしても、地域共同体に感性や身体性をふくむ深いレベルでの交流がつね日頃あれば、討論の積み重ねで解決することができる。深いレベルでの交流とは、地域の風土や文化への共通の関心をつくりあげ、祭りなどさまざまなパフォーマンスを通じ、ひとびとの心を開いた状態にすることである。意見の対立があるとしても、地域の風土や文化に対する共通の関心さえあれば、気心の知れたもの相互の妥協はきわめて容易である。

このように、地域共同体が、関心の共有体相互の調整者としての役割をはたすようになれば、それはそれぞれの共有体の集団的創造性の代弁者となり、議会を通じて地域の行政組織に適切な助言をおこなうことができる。もし必要があれば、それを母胎に議員を選出することも可能であろう。現に東京や神奈川県では、生活クラブ生協という関心の共有体を母胎に、ネット（NET）という政策クラブ的な政党をたちあげ、多くの清新な地方議員を各種の議会に送りこみ、徐々に成果をあげている。中央集権に対応して機能してきた既成の古い近代政党が、中央においても政治的有効性をもちえなくなってきている現在、まして地方議会では既成政党にまったく存在理由はない、といっても過言ではない。

そもそも、地域社会がそのように変容することを予想し、地方の行政組織や議会そのものが改革されなくてはならない。つまり、地域の一般意志を結集する場としての新しい地方議会は、関心の共有体や地域共同体の意志とその集団的創造性を集め、調整しながら、より住みやすく、より美しく、よりゆたかな（なにがゆたかさであるかは後に考えるが）地域をつくりだすための中心的な司令部とならなくてはならない。そのためには中央政府の改革や、税制をはじめとする大きな制度変革が必要であるが、それは一般の議論にゆだねよう。

とにかく、近代社会が意図はしたが、私権の乱用や多数意志の民主主義制度によって挫折した《市民的なもの》の実現は、こうした地域社会の変容によってはじめて可能となるといってよいだろう。一般意志の裏づけがあるとき、それは近代的観念としての市民的なものをも超え、身体性をふくむ個々の主権の友愛的な連帯として、《相互人間性《インターヒューマニティ》》とでも名づけるべきものとなる。

それはともかく、脱近代社会における関心の共有性、または新しい《私の共有性》の絆がどのようなものであるべきか明らかとなったいま、それによって変容する地域社会がいかなる《国づくり》にかかわるかが問題となる。

脱近代の国づくり

地域にかかわりながら同時に地域を超えた関心の共有体が、自由な個人の集合体であったように、脱近代の国は、個人の主権と人権の相互尊重を基礎に、いいかえれば国家権力によるそれらの侵害も、私権の乱用による公共の福祉の侵害もありえないものでなくてはならない。そのような国の制度化が、はたして可能なのだろうか。

まずそのためにはわれわれは、近代国家とその経済を成立させてきた倒錯した思考から解放されなくてはならない。

倒錯した思考とは、以下のとおりである。すなわちＧＤＰ（国内総生産）などを指標とする国家全体の経済が拡大をつづけることが、国家の財政をうるおし、国民のゆたかさをささえ、さらにそれによって国家が強大になり、国民に安全を保証することになるのだ、と。これがなぜ倒錯であるのか。

まずわれわれは、近代国家における政治権力や経済権力が、たかだか二百数十年まえに生まれたことを思いださなくてはならない。《野生の自由》を享受してきた誤って未開とよばれるひとびとを除いて、たしかに多くの文明や国にも力の支配が存在し、ときには武力による争いや反乱をまねいてきた。だがそれらと近代権力とが決定的に異なるのは、非近代社会にあっては、たとえ葛藤があるとしても力は身体的なものとしてひとびとのいわば手に触れるレベルにあったのに対して、近代では権力はひとびとの主権の委託として抽象化され——ナチスでさえ民主的選挙でえらばれ、授権法を議会で可決して独裁権力を手にした——、たんなる目にみえない機能と化した。つまり、近代では力それ自体が物象化され、権力機能となったのだ。

だが国家権力が抽象化されるにしたがって、それは制度的・機構的に実体化し、強大化するとともに、ひとびとの意志をはなれて自律するという逆説が生ずる。政府や官僚諸機構がそれである。力そのものが物象化されているのであるから、権力による意思決定とその回路は、当然ひとびとの意思決定から疎外されたレベルにある。逆にいえば、ひとびとは選挙の一票を除いてそこから疎外される。

明治以後の《富国強兵》であれ、戦後の《富国強産（業）》であれ、われわれを疎外した場に成立している国家を強大にする論理は、たとえそれによってひとびとが経済的・物質的うるおいをえたとしても、ナショナリズムそのものであり、人間にとって倒錯した論理といわざるをえない。

それにくわえ、グローバリズムを背景にする超国家的なものの経済権力は、この物象化や疎外の状況をさらに深刻化しているが、そのことについてはすでに述べたので繰りかえさない。

われわれはまず、この倒錯した論理を正常化しなくてはならない。《野生の自由》そのものへの回帰は不可能だとしても、それに代わるひとびとの自由と主権を回復し、それら相互の動的で弁証法的な一般意志の集合としての国をつくることである。いいかえれば、物象化されると同時に実体化された国家権力や超国家的なものの経済権力から人間を解放するためには、それらによってわれわれの生き方が決定されるといういっさいの政治決定論や経済決定論からまず解放されることが必要である。

それは、近代という特殊な時代と社会によって疎外されてしまった、数百万年にわたる人間の基本的な生き方と、それにともなう思考体系を想起し、それをポスト・グローバリズムの新しい条件のなかで再構築することである。それが終章の主題であるが、ここではそのような究極の関心が、近代国家や社会を内部から解体させ、新しい脱近代の文明を生みだす原動力になることだけを指摘するにとどめておこう。

こうした究極の関心が、顕在的であれ潜在的であれ、多くの関心の共有体に共有されることが変革の第一歩であるが、われわれは同時にそれらを変革の主体にまで高めるためには、関心の国際化がはかられなくてはならないことを指摘しておこう。

関心の国際化

顕在的であれ潜在的であれ、近代国家または国民国家を至上のものとする、あるいは少なくとも人間存在の前提にする思考体系、つまりイデオロギーであると同時に社会心理学的な国家依存としての存在論であるナショナリズム、われわれを全体的にしかも無意識にからめとっているナショナリズムからの究極の離脱は、ヒューマニズムなるものの標榜する抽象的な人間性ではなく、いま生きている具体的な人類への共感によってのみ可能となる。

すでにいわゆる先進諸国での高度産業社会の形成は、きわめて不均衡で収奪的な国際貿易によって貧富の南北格差を生みだしてきた。グローバリゼーションは、超国家的なもののメカニズムによってそれを極限にまで促進する。それを補償し、格差の是正を意図する先進諸国の政府開発援助（ODA）も、その大部分は急激な近代化によってゆがめられた体制や権力の内部をうるおすだけで、民衆の経済的自立にはほとんど役立っていない。

この問題の解決は、南の国々において近代国家を建設することにあるのではない。ひとびとの経済的自立をうながし、それによってひとびとの主権を回復し、伝統的な思考体系と文化をになう《私の共有体》を再建し、その連合体としての国をつくることである。そのために、先進諸国の関心の共有体は、これらのひとびとと連帯し、グローバリズムのもとでの国際貿易体制を内側から解体していかなくてはならない。そのようなことは可能なのだろうか。

まずわれわれは、ひとびとの運命をふくめてすべてが経済によって決定されるという、近代の経済的決定論の世界に現に生きているのであるから、それを逆手にとる変革をこころみなくてはならない。すなわち、南の国々の経済が一次産品の輸出に依存している点をふまえ、その生産者たちと直接連携することである。

グローバリズムはそのメカニズムとして、南の世界の産品の価格的収奪を内在させている。資金はより安い産品へと移動し、それに対抗できない生産者は廃業に追い込まれ、外国資本の大規模生産者に土地を安く売り渡し、貧困の淵に沈むか、貧しい労働者になるほかはない。農地は荒廃し、あるいは大規模生産者に乱開発されて深刻な環境問題を生みだす。現実に進行しているこうした状況を変革するためにも、南の生産者たちとの連携が必要なのだ。

すでに一部ではじめられているが、あたかも国内で消費者の関心の共有体が直接生産者やその関心の共有体と協同し、安全で美味な食品を開発するように、関心の共有体が南の国々の生産者や関心の共有体とともに、たとえば有機農法による農産物などの生産体系をつくることである。そのためには、北の国々の消費者が、それら産品の適正な価格に《民間税》とでも名づけるべき金額を上乗せし、その税を有機農法や生産者の関心の共有体の拡大のために投資する方式が有効であろう。

すでに先進諸国では、環境問題や人類の未来への関心のたかまりとともに、たとえば通常の電力料金にグリーン料金を上乗せし、環境対策に使うことに協力するなど、消費者の意識が大きく変わりつつある。このような方式への参加者も増大するにちがいない。

これは一例にすぎないが、たとえ農産物にかぎったとしてもこの方式が有力になり、南の国々の農産物の価格体系によい変動をあたえることができるなら、そのこと自体ですでにグローバリズムの一画を崩壊させることになるだろう。グローバリズムの通信体系であるインターネットなどを、これも逆手に利用すれば、関心の共有体の相互連携やその国際化も容易になる。

ガンディーの経済学

たとえ退潮期に入りつつあるといっても、グローバリゼーションの巨大な波涛のまえでは、こうした方式は一見蟷螂の斧のようにみえるだろう。だがこうした方式が生みだす意識の変革が大きくなり、多数派となるとき、世界は変わらざるをえなくなる。細々とした流れが量を増し、ある閾値を超えたとき、いわゆる量から質への劇的な転換が起こるのだ。

かつては、体制や状況の変革のためにはつねに、暴力または少なくとも強制力による《革命》が想定されていた。だがそもそも、革命という概念そのものが近代の所産である。なぜならそれは、政治的・社会的な合理性の追求にほかならず、力による合理性の追求は、かならず反動としての非合理性を生みだすからである。非合理性とは、たんなる政治的な反革命や反動などといったものではない。フランス革命は血なまぐさい騒乱や山岳党独裁という権力の乱用を導きだし、ロシア革命は同じく血にまみれた歴史とスターリン主義独裁をもたらした。イタリアのファッシズムもドイツのナチズムも、ある種の革命をこころざしたものにほかならない。いったん成功したかにみえた中国革命——毛沢東思想には近代を超えるある側面があったからである——も、文化大革命によって悲惨な権力闘争と多くの犠牲者を生みだすこととなった。もしグローバリズムの潮流を変えようとして暴力的な革命を起こしたとしても、結果は同じとなり、革命はかならず挫折するにちがいない。

こうした教訓をふまえ、マハートマ・ガンディーはかつて非暴力による《革命》をとなえた。彼の革命の真髄は、非暴力による人間の内面的変革にあるが、そのことは終章でとりあげよう。それにもとづいておこなわれる社会の変革は、むしろある種の経済学——シューマッハーにも共通する——といえるものであった。それは植民地時代のインド独立の政治的スローガンであった《スワラジ（政治的自立）》に対して、植民地経済からの解放としてとなえられた《スワデシ（経済的自立）》であった。

すなわち、植民地化によって、インドはかつてのゆたかな自給自足経済を解体させられ、イギリス本国の経済的利益のための、綿花や紅茶などの大規模な単作農耕《モノカルチャー》に転換させられた。その結果、今日のグローバリズム経済下でのアフリカや中南米同様に、農民は農業労働者となって貧困化し、豊富な素材や製品を供給してきた地場産業は壊滅し、衣料をはじめとしてひとびとは、外国資本の工場が生産する大量生産の製品を購入せざるをえなくなり、それがいっそうインド経済を圧迫するという悪循環に陥っていった。

そのなかでガンディーは、英国製品の不買運動をよびかけ、みずから糸車で糸を紡ぎ、自己の衣服をつくるというスワデシの第一歩を踏みだした。また独占されていた塩の不買も提唱し、いわゆる塩の道を数百キロ歩いて、海辺でひとびととともに製塩をおこなった。左翼をふくめ、近代主義者たちはこの素朴な行動を嘲笑し、あるいは黙殺したが、彼らは象徴的行為の意味と、それがよびおこす民衆的な力の結集を解読することができなかったのだ、といえるだろう。

ガンディーのスワデシが挫折したのは、彼の弟子であったはずのネルーをはじめとする国民会議派の主流が、独立後、政治や経済などすべての面で、インドを近代国家として建設しようとしたからである。ガンディー暗殺者のナトゥラム・ゴジェが、誤って伝えられているようなヒンドゥー狂信者ではなく、ガンディーを近代国家建設を妨げる非合理主義者または蒙昧主義者とし、政府へのその影響を排除しようとした極端な合理主義者であったことは、きわめて象徴的である（Mishra 2001 参照）。

このガンディーの経済学とは、要するに、個々の人間の真の自立には非暴力による自己制御とともに、自分自身の生活のためにすべてをみずからつくりだす心構えをもつことであり、こうして自立した個人の経済的交換、さらには集団的な交易によって人間に必要な経済の網の目をつくろう、というものである。少なくとも近代社会の経済的決定論からの解放が、この《経済学》の目標である。すでに述べたヴァンダナ・シヴァは、このガンディーのスワデシの理念を継承しながら、農業の急激な近代化である《緑の革命》によって荒廃した農村を、有機的で生態学的な農法でよみがえらせ、農民たちの自立をはかろうとしている。

政治権力と経済権力からの解放の道筋

グローバリゼーションを推進している国家的なものや超国家的なものの強大な権力のまえでは、ガンディーの経済学は象徴的意味しかもたないようにみえる。だが人間をその本来の《野生の自由》に回帰させようとしたその基本的姿勢は、いまなお有効である。

なぜなら、観念だけではなく、身体性をふくめて全体的に自立した人間が相互に連帯し、生活や文化に必要なものをつくりだし、交換するというのが人間の社会であり、経済であり、それをになう諸集団の連携が国というものにほかならないからである。またその方向のみが、政治権力と経済権力の束縛から個々の人間を解放し、その主権を回復する道をつくりだす。

近代的概念である《革命》によって近代社会を変えるという矛盾を排除するならば、われわれは近代社会の仕組みをひとつひとつこうした方向へと変えていくほかはない。それによってグローバリズムの推進で一致し、超近代国家の建設にむかう国家的なものと超国家的なものとの連合を阻止し、文明の方向を変えるしかないのだ。

われわれは終章で、きたるべき脱近代文明の明確なヴィジョンと、そのおおよその輪郭を明らかにするつもりであるが、そのまえに超近代国家にむかいつつある現実を変革する具体的な道筋を明らかにしておかなくてはならない。

現在われわれの政治的場面で圧倒的多数を占めるのは、少なくともわが国では《支持政党なし》または《無党派層》とよばれるひとびとである。そもそも既成政党の組織や形態が、社会の特定の階層の利益を代表する二十世紀型であり、現実に適合していないことが根本的原因のひとつであるが、それを括弧に入れたとしてもこの現状は異常である。

それは、環境問題をはじめ問題が山積し、出口のない不況というかたちでグローバリゼーションの挫折が顕在化しつつあるにもかかわらず、すべての既成政党がそれぞれの彌縫策以外には根本的な解決策を提示しえないところに原因がある。政権がどのように移動しようとも、現実は変わらないという諦めといってもよい。現状を変えたいというひとびとの基本的な政治欲求に無縁な既成政党が、政治の舞台でどのような踊りを繰りひろげようと、無関心になるのは当然であるし、棄権というかたちで《消え失せゆく投票者《ヴァニシング・ヴォーターズ》》は増大しつづける。

こうした状況そのものを変えるためには、まず地方諸議会にそれぞれの関心の共有体の《関心》を代表する議員を選出し、送りこみ、地方政治の改革からはじめるほかはない。それとともに、地域を超えて関心の共有体のゆるやかな連携をはかり、政治や経済や社会、さらに最終的には文明をどの方向に変えていくのかという展望について議論し、関心と意志の統合をめざしていかなくてはならない。

一九六〇年代からアメリカ合衆国では、シエラ・クラブやコモン・コーズなど関心の共有性にもとづく諸団体が、環境問題や消費者利益の保護など、広範囲なロビー活動をおこない、議会に一定の影響をおよぼしてきた。この方法はいまなお有効であるだろうが、少なくともわが国では、そして現在の危機的な状況のなかでは、より直接的な政治行動が必要とされる。地域の変革に十分な経験をつんだ地域諸政党が連合体をつくり、中央に進出することは、少なくとも現状の打破のために有効である。

それとともに、既成政党とならび二十世紀型の古い組織である労働組合も、組織労働者の利益をまもり、そのための政治要求をするだけの役割から脱皮し、文明の変革のための新しく大きな関心の共有体へと変貌しなくてはならない。もしそのような変貌をとげるなら、地域の市民的あるいは住民的な関心の共有体と提携して、地域の変革や中央政治の変革のための中心的役割を果たすことができるだろう。そうなれば既成政党も、生き残りのためにその組織や政策を変えざるをえず、こうして徐々にではあるが、政治全体が脱近代のディスクールへと移行することになるだろう。

つまりわれわれの社会変革は、革命によって衣服を変えることではなく——すでにみたように、それが新しい拘束衣とならない保証はどこにもない——、もはやみずからに合わなくなった衣服を、根気強く織りなおし、編みなおし、つくりなおしていくことである。いいかえれば既成の体制や制度、あるいは組織の脱構築《デコンストラクション》にほかならない。

知と社会の弁証法

この脱構築の実践的行為（プラクシス）のみが、また前章で述べた脱近代の知を導くアリアドネの糸となり、ひいてはその知を新しいプラティーク（無意識的行動）の構造とすることができるだろう。なぜなら、知と社会との創造的な弁証法を回復しないかぎり、デカルト的二元論からの脱出も、それによって構築された近代社会からの解放もありえないからである。社会的で身体的なプラクシスが知を導き、またそのようにして創造され、あるいは変革された知がプラクシスを導くことによって、はじめて知はプラティークの構造となる。

こうした弁証法によって脱近代の知を構築し、社会化していく個々人の行為自体が、みずからの主権と人権の確認となり、保証となっていく。これが主権や人権の身体化にほかならないが、そこに脱近代の知が構築され、プラティークの構造となっていくことによって、私権や自己主張の衝突は失われ、相互に《他者の自由》を尊重する寛容の社会が生まれるにちがいない。公共の福祉の理念が、たんなる観念や私権制限のための口実ではなく、はじめて実質的なものとして浮上することになるだろう。

すべての関心の共有体がこの脱近代の知を共有することになれば、超近代国家建設のもくろみも、それを推進するグローバリズム・イデオロギーも、中央や地域の個々の政策的争点とその争いを通じて敗北を重ね、色褪せた図面にすぎなくなる。さらに環境意識とともに高まりつつある消費のありかたの本質的な変化は、超国家的なものの足許を崩し、その支配権を奪うにいたるにちがいない。

なぜなら、少なくとも先進諸国では、高度成長期のような過剰な生産に対応する過剰な消費はなくなり、個性的で質の高いモノや財貨への需要に変わりつつあり、それが関心の共有体の増大とあいまって、産業のありかたを変えはじめているからである。グローバリゼーションに踊り、情報技術（IT）時代の到来を謳歌していた多国籍巨大情報産業が、過剰な設備投資にみあうだけの需要の進展がまったく望めず、次々と倒産や業種転換に追い込まれた例は、われわれの記憶に新しい。

南の国々が真に必要としているものも、けっして巨大情報産業や多国籍巨大企業の産品ではなく、それぞれのおかれた条件に応じて、経済的自立に必要な適正な技術であり、適正な規模の産業にほかならない。むしろ先進諸国の中小零細企業とよばれているような産業が、その熟練した技術や小規模産業に適した構想力によって大きな寄与をなしうる。

このようにグローバリゼーションを主導してきた多国籍巨大企業や金融機関が、国内的にも国際的にも無用の長物となり、ジュラ紀の巨大恐竜のように絶滅する危険がほのみえてきたいまこそ、われわれはガンディーやシューマッハーの経済学の理念に回帰し、それを知と社会の弁証法のひとつの主題としていかなくてはならない。

脱近代の社会とは、ひとびとがそれぞれの関心の共有性の網の目——個人の関心はけっしてひとつではない——を通じて、いいかえれば新しい《私の共有性》を通じて主権を行使し、それを一般意志として結集していくことが可能となる社会であるといってよい。そのうえに当面国家的なものが成立しつづけていくとしても、一般意志を反映する国家は、もはや権力的な近代国家ではありえない。関心の共有体を通じてそのような国家が、南の国々の真の自立のために奔走し、国際的な協力をなしうるような状況が訪れるとき、テロリズムもゲリラ戦略も終焉し、国内的・国際的な暴力的葛藤も影を潜めるだろう。

あの衝撃的な「九月十一日事件」(合衆国のいわゆる同時多発テロ)とそれにつづく戦乱の教訓はここ

にある。われわれは一日も早く、このような脱近代社会へのあゆみを開始しなくてはならない。事実、潜在的には多くの国々でそのあゆみははじまっているといってよい。反グローバリズムの、まだ低いが大きくうねる潮流がそれである。

終章　脱近代文明とはなにか

脱近代文明をめざして

グローバリゼーションが挫折し、それを推進してきた近代文明の終焉が視野にはいってきた現在、世界は海図なき漂流状態に陥りつつある。

いまなお色褪せたグローバリゼーションの海図に固執し、その目的地に針路を固定しようとするひとびとがいる。とりわけ多くの先進諸国の政治権力を掌握している新保守主義者たちは、依然としてすべてのものの規制緩和や市場の絶対的な自由化のみが、経済的デフレーションや不況からの脱出を可能にする道だと説いている。わが国の政府も例外ではない。

だがその針路の先に待ちうけているのは、貧富の格差のいっそうの拡大と、南北問題や環境問題の深刻化、企業間の激烈な競争が生む過剰な設備投資がますます不況とデフレーションを加速する悪循環、国内的な失業や犯罪の増大、国際的なテロリズムの激化など、文明という巨船それ自体の難破でしかない。

現在、その針路に不安をいだき、針路を変えたいという潜在的欲求が増大しているにもかかわらず、その意志を伝達し、実行する回路がないという不満が鬱積し、爆発寸前の状態にいたっている。問題は、グローバリゼーションに代わるどのような針路がありうるのか、である。

それが明確にみえないかぎり、われわれは海図なき漂流状態に陥らざるをえないし、「九月十一日事件」（いわゆる同時多発テロ）のような衝撃的事件が起こるたびに、右に左にと目標もなく大きく舵を切るほかはない。そのたびに国家の安全や公共の利益の名のもとに、ひとびとの主権や人権はしだいに大きく制約され、現にアメリカ合衆国がそうなりつつあるが、オーウェル流の「すばらしき新世界《ブレイヴ・ニュー・ワールド》」の到来が現実のものとなっていく。

われわれはすでにここまで、脱近代という新しい針路とその方向について多くを論じてきたが、それをまとめつつ、脱近代文明とはいかなるものであるべきか、その輪郭を記すことにしよう。すなわち――

〔1〕**人間の変革**　人間の変革といってもそれは、近代文明とその根底にある人間中心主義や言語=理性中心主義《ロゴセントリズム》によってゆがめられてきた人間像を、かつて《野生の自由》のもとに生きてきた

ほんらいの姿にもどし、感性や身体性をふくむ全体的なものとすることである。

〔2〕 **社会の変革** 《私の共有性》のうえに築かれてきた社会を、すでにみたように、関心の共有性のもとに編みなおすことである。この場合、ユートピアは存在しないという前提で、上からの変革や、革命という名の強制を排除しなくてはならない。

〔3〕 **自然とその母性原理への回帰** 自然のゆたかさは生物の多様性によってはぐくまれるという認識の回復と、そのような豊饒をめざすプラクシス（意識的実践）をはかり、同時に人間的自然としての文化の多様性の回復をめざす。経済体制はこの原理のうえに成り立つ。

〔4〕 **宇宙の法則とその父性原理への回帰** 多重世界解釈が教えるように、世界はこの目にみえる宇宙だけで成り立っているのではない。この世界を決定論的にしむけている異界《アザーワールズ》からの使信を読み解くことが、人間の限界を知らせ、自己抑制をもたらす。法と倫理の源泉はここにある。

〔5〕 **対称性の回復** 近代の知の欠陥は、人間のレベルでの理性優位から宇宙論における目にみえる世界優位にいたるすべての領域での対称性の欠如にあった。われわれは母性原理・父性原理の均衡をふくむ、このすべての領域での対称性の回復を、さらには対称の破れにはより高いレベルでの対称性の回復、つまり超対称《スーパーシンメトリー》の実現をはからなくてはならない。

以上の基本的な考えのうえに、われわれは文明を変革すべきである。これらの問題をさらに論じてみよう。

人間の変革

《野生の自由》を手にしていたとき、ひとびとの内面は充足していた。なぜならそこに、誤って考えられてきた未開のイメージとは逆に、生き方の自由な選択があり、相互の自由の尊重があったからである。たとえばかつてのラコタの社会では、男は戦士か司祭かベルダーシュ（女装男）か選択の数はかぎられていたとしても、いわば職業選択の自由があり、また選択のうえでのそれぞれの生き方は自由であった。

近代社会では、選択肢の数が飛躍的にふえているにもかかわらず、その選択のうえでの生き方の自由は極度に制限され、それぞれの職業に応じて画一化されている。自由に生きるためには、六〇年代のヒッピーのように、社会を離脱するほかはない。

こうした状況や構造そのものを変えるためには、一方では自由な生き方を保証することによって個人の創造性をひきだす組織的・社会的仕組みをつくることが必要であり、他方、画一化に慣らされたひとびとをそこから解き放ち、個性と創造性にめざめさせることが必要である。

前者は制度や組織をできるかぎり流動化し、柔軟化していくことであり、たとえ大きな組織体であろうとも、自由で小さな組織の柔軟な集合体とし、成員の意志や思考や実践が自由に反映するものでなくてはならない。それが具体的にどのようなものであるのか、それぞれの組織のありかたや条件に応じて異なるはずであり、ここでは原則を述べるにとどめよう。

後者は、自己実現とはなにかという問いなおしとともに、幼時から成人にいたる広義の教育に深くかかわってくる。まず自己実現とはなにか、を考えてみよう。

自己実現とはいうまでもなく、自己の個性と才能を十分に開花させることであるが、この場合、個性や才能とはなにかが問題となる。なぜなら近代社会では、それらはつねに社会や国家などの有用性や必要性の視点からみられていたからである。要するにそれは、人間やその人格を、部分的・機能的に分断してとらえる視点であるが、われわれはまずそこから脱却しなくてはならない。

ヒト（ホモ・サピエンス・サピエンス）という種が多様な言語や文化をもつ多くの種族に分かれるように、ひとつの種族に属する個人も、性差や世代差から個体の生物学的な差異にいたるまで、多様である。それが個性にほかならないが、種族の文化が思考体系から社会の仕組みにいたるすべてを貫徹しているように、個性も感性や身体性をふくむ全体的なものである。

たしかに、幼時にすでに自己の才能や個性に目覚める幸福なひとびとがいるが、それは例外中の例外といえよう。多くは画一化を強制する誤った教育や、マス・メディアの情報というよりは感覚的刺激の氾濫、あるいは閉鎖的な核家族の息苦しい環境によって目覚める機会を失い、なかには生涯、自己のかくされた才能や個性に気づかずに終わるものさえいる。これらの《迷妄》からの脱却は、一見逆説的にきこえるかもしれないが、《社会》からの徹底した離脱をはかることでえられる。

たとえば初等教育や中等教育における登校拒否などは、人生の最初の段階での《社会》からの離脱として、むしろ称揚してもよい行動である。現行の教育は、よき国民または市民の育成という名分のもとに、国民国家や近代社会の仕組みに機能的に適応する人間をそだてるにすぎない。登校拒否とは、そうした近代教育体制にたんに適応できないというだけではなく、積極的にそれを拒否する明確な意志を示している。

こうした子供たちまたは若いひとびとに新しい教育の場をあたえることが重要であるが、それとともに、既成の教育過程をすすむ多くのものに、こうした教育体制にたえず批判と留保の目をむけ、少なくとも《社会》から内面的に離脱する教育を、なんらかの場、たとえば関心の共有体であたえることが重要である。

また成人にとっては、それが《社会》や《世論》であるかのような幻想をあたえるマス・メディアの影響からの離脱が、とりわけ緊急の課題となる。なぜなら、その内部での心あるひとびとの努力や、それによるごく少数のすぐれた記事や番組にもかかわらず、マス・メディア全体は、超国家的なものの経済権力、国家的なものの政治権力にならぶ情報権力であり、欲望の感覚的刺激や私権の肥大化に寄与するとともに、情報と文化の画一化というグローバリズムの一翼をになっているからである。

個々人の努力には限界があり、したがってマス・メディアに対する対抗メディアの創設が望ましいが、それらの対抗メディアが近代左翼やいわゆる反体制の立場にとどまるかぎり、結局は近代性《モダニティ》に回収されざるをえないだろう。真の脱近代の知が存在しないかぎり、人間の変革をうながすような影響力をもつことはできない。

人間変革のための教育

脱近代の知をそだてる教育などというものは、はたしてありうるのだろうか。それは、おのれの存在の根源を問うことからはじまる。大人にとっては哲学的な問いかもしれないが、子供にとってはそれは、生と死とのはざまがどこにあるかという単純な問いにすぎない。

野生の自由を生きてきたひとびとにとって、生と死との境界は乗りこえがたい深淵ではない。あるいはプラトンが、この世は洞窟の壁に映じたイデアの世界のまぼろしにすぎないと主張するとき、生と死とは、目にみえない薄い壁にさえぎられた一体の世界であることを知っていたにちがいない。またシャンカラが、ブラフマン（宇宙我）とアートマン（個我）とは不可分であると主張するとき、すべては遍在する生命、またはエネルギーと一体であり、生と死は不可分の世界をかたちづくると認識していたはずである。

いいかえれば、これらの哲学者に代表される古代や《未開》の考えかたは、生と死との対称性が人間存在の根源であることを開示している。いまわれわれはこの対称性の回復からはじめなくてはならない。

かつては子供たちにとっても大人にとっても、生誕と死は身近にあった。だが近代はひとびとの目からそれらを隔離し、病院に閉じ込める。自宅での自然出産や自然死は異例のできごととなる。子供たちやひとびとのまなざしが現世のみに注がれ、死が考えてはならない不当な現象となり、それに恐怖しか感じなくなるのは当然である。したがって生と死との対称を教えるためには、意図的な教育が必要となる。

それとともにこの対称は、自然を貫徹するひとつの法則、つまり父性原理のあらわれであり、人間をふくむすべての世界に遍在していることを教えるべきである。生物の生態系や食物連鎖は、生と死の循環のうえに成立しているし、いわゆる無機物（有機物・無機物の境界はますます曖昧なものとなりつつある）の世界にしても、分子や原子のレベルでは崩壊と生成の不断の循環のなかにある。

すなわち新しい教育では、人間の本性《ヒューマン・ネイチャー》をふくめ、自然のありかたとそれをつらぬく法則について、自然そのものの探索やそれを助ける教材のなかから学ぶことになる。それは必然的に人間の身体性の探求につらなる。

身体性の探求は、身体の自律性と自己治癒力や免疫力といったそのはたらきから、それらをつかさどる脳の構造にいたるまで、人間の自然《ヒューマン・ネイチャー》の不思議を啓示するところからはじまる。本能や遺伝情報、それらと環境との弁証法的相互作用、あるいは性や生殖と、たんに身体的であるだけではなく、感性や思考にまで影響をおよぼす性差の問題にいたるまで、それは徹底的に学習されるべきである。なぜなら生物における雌と雄との対称は、あとで述べるジェンダーの問題とあいまって、世界観や宇宙論につらなる基本的な対称だからである。

従来の学校教育では、身体性の問題は「保健衛生」や「体育」などといった補助的な科目で分断的に、しかも近代医学や生理学の立場から教えられるにすぎなかった。だがこれらを総合的に、しかも東洋医学の観点をもふくむ実践的なものとして学ぶべきである。ヨーガや太極拳または気功、あるいはツボや経絡の実習は、アスレティックスとしての体育そのものをも変えることになるだろう。

こうした身体性教育は必然的に、身体の表現としてのパフォーマンスに結びつく。演劇的あるいは舞踊的表現がそれであるが、それぞれの固有文化の表現として、わが国であれば地域の儀礼芸能や郷土芸能を実践的に学ぶことは、その基底にある神話・伝説や神話的思考そのものを認識する重要な機会でもある。余裕や関心があれば、異文化のさまざまなパフォーマンスを学ぶことも、好奇心をひろげ、世界を知る大きな役割をはたすことになる。

「情操教育」として、これも補助的な科目におとしめられてきた芸術や音楽も、身体や感性にかかわる創造性の開拓として、この総合的なパフォーマンス教育に組みこまれるべきである。とりわけ近代の西欧古典音楽を標準モデルとしてきたわが国では、自己の伝統だけではなく、非西欧諸文明や第三世界の音楽とその思考体系を知ることは、きわめて重要である。

人類の普遍性と多様性の認識

これらの教育は当然、世界の多様な文化とその歴史を学ぶ知的な教育に結びつく。生物学的進化の一環としての人類史をふくむ人類学的教養は、新しい知的教育の基礎とならなくてはならない。そのうえに、それぞれの種族固有の文化や歴史があらわれる。人類の普遍性の学習ののちにおこなわれないかぎり、これらの教育はナショナリズムに利用される危険があるからである。

とりわけ明治以後の急激な近代化がもたらした白人崇拝または西欧文化崇拝と、その反動としての皇国史観を代表とする排外的ナショナリズムが横行したわが国では、非西欧世界やその文化の認識は重要といえよう。たとえばわが国でも、ベートーヴェンの『第九交響曲』でうたわれる《全人類《アッレ・メンシェン》》への愛に感動するひとは多いが、その大部分のイメージでは、第三世界のひとびとはこの《全人類》から疎外されているのではないか。

幼時から具体的なイメージや教材を通じて人類学的教養を身につけ、人類の普遍性と多様性を認識できるなら、ナショナリズムや愛国主義などといった近代に固有のイデオロギーや政治的情動が生まれる余地はなくなるし、人種差別とその裏返しにすぎない感傷的な人道主義も消失し、人類全体との真の連帯意識が生ずるであろう。

こうした基礎のうえに、脱近代をめざす知の教育がおこなわれるべきである。生と死、または現世という目にみえる宇宙と他界という目にみえない宇宙との対称性を知ることからはじめた教育は、感性と理性との対称性の回復によって終わらなくてはならない。感性の創造的機能についての教育はすでに述べたが、感性の広大な領域と、論理や分析を主とした理性の領域との対称である。

それはまた、教育における母性原理・父性原理のジェンダー・バランスの回復であるといってよい。なぜなら、神話・伝説・民話などから文学や諸芸術・芸能にいたる感性の領域は、思考の構造においてはプラティーク（無意識的行動）とよばれるレベルから表出されたものであり、文化的母性原理から生じている。それらはまた、プラクシス（意識的行為）のレベルでおこなわれる論理的操作や分析によってはじめてその潜在的意味や構造が明らかにされるが、こうした機能は文化的父性原理といってよく、両者は不可分だからである。

論理や分析はとりわけ数学、とくに抽象数学とよばれる一群の新しい数学によってもたらされるが、これらのもつ明晰な数学的思考体系が、理性の領域での教育の基礎となるべきであろう。古典的な機械論（力学）によってつくりだされた体系が産業や経済を支配している現状では、専門科目として微積分や統計学あるいは古典物理学をはじめとするいわゆる自然科学が必要かもしれないが、基本的教養としては抽象数学で十分であり、あとは知的好奇心に応えて、「標準理論」を超えた物理学などの先端的話題を提供すればよい。

科学史的知識も、数学や自然科学は古代ギリシアから生まれたなどとする従来の誤った「標準理論」は徹底的に打破されなくてはならない。バビロニア、エジプト、中国、インド、アラブあるいはマヤ、インカといった古代・中世諸文明だけではなく、誤って未開とよばれているひとびとの驚くべき自然科学的知識や科学技術《テクノロジー》も啓示されるべきである。古代エジプト人がグライダーを発明し、中世のインカ人が熱気球をつくり、ナスカ高原の巨大な地上絵を上空から観察していたなどという事実は、子供たちの知的好奇心を誘発するにちがいない（Teresi 2002 参照）。

思考体系と社会の変革

こうした教育は、ひとびとの思考体系を変え、社会に充満している近代優越神話を徹底的に打ち砕くにいたるであろう。思考体系を変えることは、すなわち社会を変えることである。

われわれは、かつての《私の共有性》にもとづく社会の回帰はありえないとして、それに代わるそれぞれの関心の共有性にもとづく社会をつくるべきだと述べてきた。すでにさまざまなＮＧＯ（非政府組織）やＮＰＯ（非営利組織）などのかたちで登場している関心の共有体がそうした社会形成の原動力となるが、それによって達成された社会のありかたを思い描くことはむずかしい。いまそのおおよその輪郭を考えてみよう。

まず問題は、意思決定の新しい過程である。ルソーのいう多数意志にもとづく近代民主制は、基本的に代議制であり、それは民意を代表すると称する政党・政派の党派的争い、またときには多数者の専制を生みだす。それに対して関心の共有体は、ルソーの名づけた一般意志の民主制が無意識につらぬかれるような組織であるが、そのような意思決定の過程が、国家のレベルにまでいかに貫徹可能かが問題となる。

われわれはいわゆる革命という手段をとらないのであるから、少なくとも当面は、多数意志の民主制を、一般意志の民主制によっていかに補強するかが課題となるであろう。

すでに述べたように、現在いわゆる先進諸国では、各級選挙での投票率の大幅な低下が目立ち、《消え失せゆく投票者《ヴァニシング・ヴォーターズ》》を投票所にどうよびもどすかが問われている。だがよほど大きな争点の対立でもないかぎり、彼らが投票所にもどることはない。なぜなら、彼らの強い政治的関心や意識にもかかわらず、その新しい政治欲求を表現する政党が存在しないうえ、彼らが潜在的にいだく、多数意志の民主制そのものへの疑念があるからである。

少なくとも地域のレベルでは、こうした意思決定の回路を変えなくてはならない。すなわちいわゆる地域共同体だけではなく、地域経済から都市計画にいたる地域にかかわるすべての関心の共有体の代表者からなる評議会が、形式的な代議制に代わり、地域住民の意志、すなわち地域の一般意志をつくりあげ、政策的決定をすべきであろう。さらにひろい地域はそれらの評議会の連合としての大評議会が意思決定にあたる。地域がひろくなるにしたがって、広範囲にわたる関心の共有体が、なんらかのかたちで大評議会に参加すべきであろう。

わが国では最終的には、都道府県のレベルまでこの方式を貫徹すべきである。これのみがひとびとの眠っている一般意志を呼び覚まし、形式的な地方自治を真の地域自治に高めることができる。

国のレベルで近代民主制——選挙制度をどのようにするかは大きな問題であるが——を残すとしても、二院制をとるならば、参議院はこうした都道府県単位の大評議会からの選出者で構成されるべきである。それは多数意志の民主制と一般意志の民主制との併用制ということができるが、評議会あるいは大評議会選出者のリコール制度を設定すれば、一般意志は国のレベルにまで大きく浸透することができる。さらに評議会・大評議会・参議院の各レベルの政策立案能力を飛躍的に高め、それを審議し、決定できる専門家集団としての各レベルの組織をつくることができれば、この併用制も大きな力をもつだろう。地方から国にいたる各級の官僚組織も、こうした方向で再編し、各級評議会などの政策や意向を実践する組織に変えることができる。

もしこのような変革が可能となれば、超国家的なものの経済権力、国家的なものの政治権力、そしてマス・メディアの情報権力に歯止めをかけることができるし、グローバリズムそのものを転換させ、その力を人類のあるべき姿の創造へとむかわせることができるであろう。

母性原理としての生産と経済の復権

近代の欠陥はすべてにわたる対称性の欠如であると述べたが、生産や経済の領域も例外ではない。そこでは自然からの一方的な資源の収奪、そして社会における一方的な利潤の追求という対称性の欠如がある。いまここでも、対称性の回復が求められる。

すなわち一方では、資源の再循環だけではなく、自然そのものの豊饒化という新しい環境政策が必要とされ、他方では社会や環境への利潤の制度的還元と、関心の共有体の制度的拡大として、利潤を必要としない経済や生産の創造的組織が展開することが求められている。

《地球にやさしい何々》という広告文がいたるところに登場して久しいが、地球環境の悪化は刻々と進んでいる。対称性を欠如した近代性そのものが消滅しないかぎり、状況は変わらない。まずわれわれには、生産と消費の構造を変えることが要求されている。そのためには、産業体制の根底的な変革と、たんなる消費の抑制ではなく、消費のありかたそのものの変革が求められる。

まず資源の一方的収奪という対称の破れは、エネルギーをふくむ第一次産業の変革、いいかえれば、母なる地球の創造性としての母性原理への回帰によって回復されなくてはならない。

原子力や化石燃料への依存は、エネルギー問題における近代性の象徴であるが、それらに代わる再循環可能なエネルギーが求められる。水素燃料が大きな注目を集めているが、それを抽出するために多くの電力や他のエネルギーが消費されるのでは、それはおよそ再循環可能なものとはいえない。われわれもその技術的突破（ブレークスルー）を期待しているが、本来の母性原理的な再生可能なエネルギーに着目しなくてはならない。

すでに太陽光発電や風力発電あるいは小規模水力発電やバイオマス発電などさまざまな計画が進行しているが、これらを多様に組み合わせて地域に安定したエネルギーを供給することが可能になれば、状況のかなりの改善になる。大都市の内部でも、地域エネルギーの供給構想は可能である。

エネルギー問題はまた、農林漁業などの第一次産業や、私が第五次産業と名づける再循環《リサイクル》産業にも深くかかわっている。二酸化炭素などの排出による地球温暖化は激しい気象異変をまねき、近い将来での食糧危機の到来は確実であるが、それに備えるためにも、ヴァンダナ・シヴァがおこなっているような、地域の条件や伝統に根ざした自然農法・有機農法の拡大がのぞまれる。熱帯雨林の消滅を阻止するだけではなく、生態系や水資源に深くかかわる森林の育成や管理も重要な問題である。製造業としての第二次産業や、流通業としての第三次産業は、消費パターンの変化に対応して縮小され、旧来の過剰設備は解体され、新しい第一次産業の要求するような質的転換がはかられるべきである。余剰人員は、再新《リニューアル》された第一次産業や、知識・情報・教育・文化産業としての第四次産業、あるいは再循環産業としての第五次産業など、二十一世紀の中心となる諸産業に吸収されるにちがいない。

環境と社会への利潤の還元

生産体制の母性原理への回帰と、それによる対称性の回復へのあゆみは、必然的に資本主義経済の一方的な利潤追求という対称の破れをも修復せずにはおかない。

すなわち、ひとつは各国の合意にもとづく環境税や、同じく資金の移動や投資による一定限度以上の利潤に対する課税など、環境への負荷の軽重にもとづく税や、過剰利潤などへの課税を、環境対策や社会へと還元するとともに、これらのなかから一定の割合を拠出し、従来の政府開発援助（ＯＤＡ）資金とともに、厳格な査察のできる国際機関を設立し、そこに集中し、第三世界の経済的自立援助をおこなうことである。

とりわけ、いわゆる先進諸国と第一次産品に依存する第三世界との貿易の極度の不均衡は、すでに述べた市民レベルでの対称性の回復には限界があるため、こうした超国家的レベルでの対称性の回復、いわば超対称《スーパーシンメトリー》が必要である。

さらに、利潤追求にともなうすべてのものの商品化が資本主義の宿命であるが、それにも歯止めをかける必要がある。とりわけ水や大気あるいは電力や都市ガスなど、生活に不可欠ないわゆるライフラインについては、その商品化を拒否しなくてはならない。自由化や規制緩和の名のもとにおこなわれた電力の市場化が、いかなる結果となったか、われわれは一九九〇年代末のカリフォルニア州電力危機に多くを学ぶべきである。

環境税は水や大気を汚染する度合い、あるいは熱帯雨林など自然環境への負荷、さらに産業廃棄物の処理の度合いなどを評価し、それに応じてきびしい税を課するものであるが、企業だけではなく、自動車や化石燃料による熱源など個人にも課税すべきである。その税収はいうまでもなく、環境対策とともに、産業の転換や廃棄物処理技術の向上、あるいは自然エネルギー開発などの援助にあてられる。こうした強力な政策的誘導がないかぎり、すでに指摘した新しい産業形態への転換はすみやかにおこなわれないからである。

それとともに、関心の共有体による非営利組織としての企業の設立や活動が望まれる。すでに、食糧の安全性や環境に負荷をあたえない洗剤などの流通・販売のためのいわゆる生協などの組織が活動しているが、自然エネルギーや第一次産業の分野、あるいは資源再循環などの分野にまで進出することによって、利潤追求や商品化のメカニズムに歯止めをかけ、超国家的なものや国家的なものによる画一的なグローバリズムを内側から阻止することができる。

こうした対称性移行への過程には、すべてのひとびとがなんらかのかたちで関心の共有体へ参加するためにも、消費者自身の思考体系の根本的変革が必要である。

すでに消費パターンそのものの変化が、経済に大きな影響をあたえはじめている。とりわけわが国では、一九九〇年代の終わりからデフレーション（物価下落をともなう不況）またはいわゆるデフレ・スパイラル（不況悪循環）に入ったといわれ、一方では不良債権処理を柱とする金融対策、他方では景気回復対策としてさまざまな方策が提唱され、こころみられているが、一向に成果をあげていない。

その原因は、一言でいえば、消費者がもはや従来の消費者でなくなったことにある。すなわち、すでに十分なモノを手にしたひとびとは、もはやほとんど消費や商品の流行に関心をもたず、都市環境をふくめた居住環境、心のゆたかさをひろげる文化や芸術や知識、生活の質や安全の向上、あるいはすべての活動領域でのゆとりや生きがいなど、人間的な生き方の追求者となりはじめたからである。

ひとびとのこうした性向は、さらに徹底的につらぬかれるべきである。つまり近代社会では、消費者は経済主体である生産者の《対象》にすぎず、この意味でもそこには対称の破れがあったが、脱近代社会では両者の対称性が回復され、ひとびとは《消費者》から訣別し、もうひとつの経済主体とならなくてはならないからである。両者はそれぞれが同時に主体であり、対象である。

ジェンダー・バランスの回復

人間の経済活動が母なる地球の恵みに依存し、その再生を助ける母性原理に回帰するとき、人間の政治的・社会的活動はおのずから父性原理に回帰し、宇宙論的なジェンダー・バランスを回復することとなる。

近代は自然の収奪によって宇宙論的母性原理を破壊しただけではなく、家庭から社会にいたるすべてにわたって家父長的権力と権威を強制することにより、真の父性原理をも解体し、父権社会を築いてきた。法や道徳から、宗派的宗教の思想や概念が排除されたのは当然としても、そこからは宇宙論も排除され、したがって自然法概念が細々と存続してきたにもかかわらず、それらはほとんど現世や世俗の必要性に応じた実定法としてのみ記述され、国家権力によって維持されたにすぎない。

《野生の自由》を生きてきたひとびとにとって、宇宙論的なジェンダー・バランスは、宇宙と人間社会の成立に不可欠な対称性であった。女と男にジェンダーにもとづくプラティーク・レベルの分業があったとしても、それは母性原理と父性原理、または現世と他界の表現による差異であって、差別ではけっしてなかった。だが近代では、性役割《セックス・ロール》にもとづく分業は、産業や経済の要求する現世の機能分業にすぎず、性差別となるのは当然である。近年、性差別の廃止やそれによる女の労働力や潜在的エネルギーの活用として、行政などから《ジェンダー・フリー（ジェンダー差別の除去）》のスローガンがあげられている。性差別の撤廃はあたりまえであるが、これはほんらいプラティークの領域であるジェンダーなる用語の一種の誤用である。脱近代文明では、プラクシス・レベルでは男女の絶対的平等性が実現され、身体性にもとづく性差やプラティーク・レベルにおける思考体系のジェンダー・ギャップが、創造的なものとして生かされる社会が築かれなくてはならない。

《野生の自由》を生きている社会には《書かれたもの》としての法はもとより、法学でいう慣習法さえなく、ある種のルールがあるにすぎないが、たとえばかつてのホピの社会のように、犯罪はおろか暴力沙汰や差別さえもなかったのは、それらのルールが宇宙論的ジェンダー・バランスにもとづく本当の意味での自然法だったからである。それに反することは、すなわち人倫に反するだけではなく、部族の平和と安定、さらには豊饒を危うくする行為にほかならない。

脱近代社会に求められるのは、こうした宇宙論的ジェンダー・バランスの回復と、そこにある父性原理としての法と倫理の回復である。一般のひとびとがほとんど目にすることのない膨大で複雑怪奇な六法全書の背後に、このような思考体系が回復されないかぎり、法体系が倫理や道徳の源泉とはなりえないのは当然として、刑法犯罪や私権の衝突の抑止とさえならず、六法全書はグローバリズムのもとにますます激化する《法の網》くぐりの輩の手引書と化するにすぎなくなるだろう。

近代の人間中心主義がみえなくしていた母性原理と父性原理とのジェンダー・バランスは、それ自体生成する宇宙の力とそれを統御する法則という宇宙の姿そのものにほかならず、近代において理念としてしか考えられてこなかった自然法に、具体的根拠をあたえるものといえる。この意味で人間の理念としての自然法は、物質的世界を支配する宇宙の法と、究極的に一致する。

脱近代文明の姿

理性に対する感性と身体性の回復、プラクシス（意識的行為）の領域に対するプラティーク（無意識的行動）の領域の復権、超国家的なものおよび国家的なものに対する関心の共有体の進出、また自然からいわゆる文化へ、あるいは生産から消費へという経済の非対称、南北の貿易不均衡と富の格差という非対称、などに対する対称性の回復や超対称の創設など、つまりあらゆる領域における対称性の回復は、少なくとも漂流あるいは難船にむかいつつある近代文明という巨船の方向を大きく転換する力となりうる。

それはまた、いわゆる先端的生殖技術や医療、すべての領域にわたる遺伝子操作、個人から企業にいたるとめどもない私権や特許権あるいはいわゆる知的財産権の主張がもたらす衝突や混乱、国内的・国際的な途方もない貧富の格差が生みだす犯罪やテロリズム、国家間の葛藤、それらに対抗する安全保障の名のもとにつくりだされる徹底した監視と情報管理の社会、つまり一言でいえば、オーウェル流の「ブレイヴ・ニュー・ワールド（すばらしき新世界）」の到来を防ぐ唯一の保証となるであろう。

だがその先にどのような文明がありうるのか、それはまだ想像力の問題であるともいえる。なぜならそれは、利己的な欲望や自己主張、私権の拡張や《幸福追求の権利》を名乗る似非人道主義など、誘惑的なセイレーンの歌声がいたるところからひびく難所を乗り切り、難破をまぬがれ、縹渺《ひょうびょう》とした大海原に到達した巨船の乗組員たちみずからが決定することだからである。

その成果を見届けることはできないとしても、個人的な想像力による展望を述べることは許されるかもしれない。おそらく内面的にはそれは、《野生の自由》の時代を除き、フランス革命以後一度として存在しなかった自由・平等・友愛の世界の実現となり、外面的にはそれは、脱近代の知によってみちびかれた科学や技術が、それぞれの地域や種族の条件に応じた経済体制をつくりあげ、関心の共有体の連合が主導する一般意志の政治体制や社会の登場となるだろう。

それに加え、文明の問題がある。古代諸文明や非近代文明は、主として特定の世界宗教を背景に成立してきた。儒教や道教あるいは仏教による中国文明、テラワーダ仏教による東南アジア文明、ヒンドゥー教によるインド文明、あるいはイスラーム文明などがその典型である。しかし宗教と文明は不可分であるのではない。文明とは、約一万年前に起こった新石器革命――それがいわゆる進歩であったかどうかは保留するが――にはじまる自然資源の再生産という体系を、技術的に洗練し、地域や多くの種族や文化を超えて統合性をつくりだした超体系《ハイパーシステム》である。

そのなかで近代文明がきわめて特殊であるのは、たびたび述べてきたように、近代キリスト教という世界宗教から出発していながら、それを超えた世俗的で合理的な《普遍的体系》をつくりだしたという錯覚に囚われ、西欧近代の文化と思考体系を全世界に強制し、それぞれの地域や種族固有の異文化を徹底的に排除してきた点にある。

キリスト教宣教師たちはそうした文化的侵略の尖兵の役割を演じてきたが、むしろキリスト教そのものが布教された地域では、南北アメリカ大陸や太平洋地域にみられるように、それは土着の文化や思考体系とみごとに融合してきた。同じ世界宗教のイスラームが支配した文明地域で、それぞれの多様な文化や思考体系がイスラームと融合し、独自の文化的様相を示してきたのと同様である。

だが近代文明は、宗教からはなれ、世俗の合理的体系として普及した地域でこそ、固有の文化や思考体系を非合理的なものとして排除する文化の帝国主義の役割をはたしてきた。それは超体系としての寛容な文明とはまったく異なったものであり、合理性という名の武器による世界の征服にほかならない。わが国は、このような文明に翻弄されたひとつの典型である。

脱近代文明は、その正反対のものであり、固有の諸文化の多様性のうえに成り立つ文明本来の超体系となるべきである。自然の生態的多様性が人間の世界の豊饒や繁栄の根拠であるように、人間の文化や思考体系の多様性こそが、脱近代文明の根拠である。それぞれの独自性を保持し、それぞれの地域の条件や特性にあった生産や経済の体制をつくりあげ、あらゆる領域での対称性を回復しながら、それは、プラクシス（意識的行為）としての知や科学や技術を共有する世界となるだろう。

脱近代文明が姿をあらわし、すべてのものの対称性が回復されるとき、ひとびとの内面にはおのずから、宇宙の法としての弁証法的理性がとりもどされるにちがいない。いわゆる理性と感性または身体性を統合する弁証法的理性は、自然や他者への深い思いやりや、他界をふくめた多重宇宙への共感を復活させ、人間の世界に平和と安定と高度の秩序をもたらすにちがいない。経過したそれぞれの《内部時間》、すなわち歴史は異なるとしても、かつて《野生の自由》を生きていたひとびとと同じ自由と同じ平等を手にし、おのずからあふれる友愛を実感しながら、しかも超体系としての文明がもたらす果実をあじわう日々が、こうしていつか必ずやってくるであろう。

近代文明という巨船が、かろうじて難破を避け、未来という大海原に針路を転換したとき、はじめてそのような可能性が生まれるのだ。

文献リスト

●日本語で書かれたもの（翻訳をふくむ）

網野善彦　一九八〇年『日本中世の民衆像』岩波新書。

北沢方邦　一九八六年『メタファーとしての音』新芸術社。

一九八八年『沈黙のパフォーマンス』新芸術社。

一九八九年『知と宇宙の波動』平凡社。

一九九三年『数の不思議・色の謎』廣済堂出版。

一九九八年『近代科学の終焉』藤原書店。

二〇〇〇年「冗談と宇宙論」（『言語』第二九巻四号）大修館書店。

二〇〇二年『感性としての日本思想』藤原書店。

シューマッハー、エルンスト・フリードリッヒ　一九八六年『スモール・イズ・ビューティフル』（小島慶三訳）講談社学術文庫。

スピノザ　一九五一年『エチカ（倫理学）』上下（畠中尚志訳）岩波文庫。

フクヤマ、フランシス　一九九二年『歴史の終わり』上中下（渡部昇一訳）三笠書房。

プリゴジン、イリヤ　一九八四年『存在から発展へ――物理科学における時間と多様性』（小出昭一郎他訳）みすず書房。

プロトキン、マーク　二〇〇二年『メディシン・クエスト』（屋代通子訳）築地書館。

メルロー＝ポンティ、モーリス　一九六九年『行動の構造』（滝浦静雄他訳）みすず書房。

八巻和彦　二〇〇一年『クザーヌスの世界像』創文社。

レヴィ＝ストロース、クロード　一九七六年『野生の思考』（大橋保夫訳）みすず書房。

ローレンツ、コンラート　一九七〇年『攻撃』（日高敏隆他訳）みすず書房。

●外国語で書かれたもの（アルファベット順）

Ackerman, Jennifer, 2002. Food. In *National Geographic*, May 2002.

Calvin, William H. and Bickerton, Derek, 2000. *Lingua ex Machina ; Reconciling Darwin and Chomsky with the Human Brain.* The MIT Press, Cambridge MA.

Davis, Wade, 1988. *Passage of Darkness ; The Ethnobiology of the Haitian Zombie.* The University of North Carolina Press, Chapel Hill, NC.

Feld, Steven, 1982. *Sound and Sentiment ; Birds, Weeping, Poetics, and Song in Kaluli Expression.* The University of Pennsylvania Press, Philadelphia.

Halprin, Lawrence, and Burns, Jim, 1974. *Taking Part ; A Workshop Approach to Collective Creativity.* The MIT Press, Cambridge MA.

Hauser, Marc D., 2000. *Wild Mind ; What Animals Really Think.* Henry Holt & Co., New York.

Huntington, Sumuel P., 1996. *The Clash of Civilizations and the Remaking of World Order.* Simon & Schuster, New York.

Kaku, Michio, 1994. *Hyperspace ; A Scientific Odyssey through Parallel Universes, Time Warps, and the 10th Dimension.* Oxford University Press, New York.

Lacan, Jacques, 1966. *Ecrits.* Editions de Seuil, Paris.

Leff, Gordon, 1958. *Medieval Thought ; St. Augustin to Ockham.* Penguin Books, London.

Mishra, Pankaj, 2002. On Gandhi's Passion by Stanley Wolpert. *New York Times Book Review* April 15 2002.

Pepperberg, Irene M., 1999. *The Alex Studies ; Cognitive and Communicative Abilities of Grey Parrots.* Harvard University Press, Cambridge MA.

Pinker, Steven, 1994. *The Language Instinct,* William Morrow & Co., New York.

Rose, Steven, 1998. *Lifelines ; Biology beyond Determinism.* Oxford University Press, New York.

Scheper-Hughes, Nancy, 2000. The Global Traffic in Human Organs. In *Current Anthropology* Vol. 41 No. 2 ; 191-224.

Simmons, Leo W., ed. by. 1966. *Sun Chief ; The Autobiography of a Hopi Indian.* Yale University Press, New Haven.

Strathern, Marilyn, 1988. *The Gender of the Gift ; Problems with Women and Problems with Society in Melanesia.* University of California Press, Berkeley.

Teresi, Dick, 2002. *Lost Discoveries ; The Ancient Roots of Modern Science from the Babylonians to the Maya.* Simon & Schuster, New York.

Waal, Frans de, and Lanting, Frans, 1997. *Bonobo ; The Forgotten Ape.* University of California Press, Berkeley.

Winson, Jonathan, 1985. *Brain and Psyche ; The Biology of the Unconscious.* Anchor Press / Doubleday, New York.

あとがき

9・11からアフガニスタンの戦乱、そしてイラク戦争にいたる激動の数年は、たんにジョージ・W・ブッシュ政権の政策と世界戦略の帰結であるだけではない。むしろそれらはひとつの象徴にすぎないのであって、近代文明とグローバリズムというその過剰な推進が、激動と混乱の状況をもたらしたといっても過言ではない。

なぜなら、近代性《モダニティ》の本質は理性の支配にあるのであって、すべての事物における合理性の追求こそが歴史や社会をうごかす動因だからである。つまり、外交手段を奪われたひとびとの政治的表現手段であるテロリズムやゲリラ戦略、さらにはたとえ独立国家であるとしても独裁体制を敷く国が所有する大量破壊兵器――イラクがそれらをもっているかどうか、少なくとも現在までは証明されていないにもかかわらず――は、「自由」や「民主主義」あるいは「自由主義的市場経済」といった合理性の支配する世界にとって、容認できない脅威であり、《非合理性》そのものにほかならない。非合理的なものは、たとえ武力をもちいても排除されなくてはならない。世界がこうした価値体系によって統合され、その結果、各国や各種族の《歴史の終焉》（フランシス・フクヤマ）がもたらされることが、人類の福音にほかならない（フクヤマ 一九九二年）。これがグローバリズム、すなわち過剰な近代性の論理であり、二十一世紀をそのような新しいアメリカの世紀とすることを目指す新保守主義の運動体「ニュー・アメリカン・センチュリー」プロジェクト（Project for the New American Century）の目的にほかならない。ブッシュ政権の中枢にあってイラク戦争を推進した、チェイニー、ラムズフェルド、ウォルフォウィッツ、ボールトン、パールなど新保守主義的タカ派は、すべてこの運動体のメンバーである。

だが、このような理性の支配に対して、別の理性の主張もありうる。かつてマルクス主義は、すべてのものが商品化される資本主義経済のもとでは、人間とりわけプロレタリアートは疎外され、物象化（モノと化する）され、抑圧されているのであり、「自由」も「民主主義」も強者や支配層のものでしかないと批判してきた。すなわち、人間の平等な自己決定権こそがその基盤であるとするマルクス主義的理性およびその判断基準からすれば、資本主義経済体制こそが《非合理性》にほかならない。

理性の基準をさらに変えてみよう。キリスト教的中世同様、理性は信仰と不可分であり、政治や世俗社会までもが宗教的原理によってつらぬかれなくてはならないとするひとびとにとって、理性から信仰を排除し、世俗のメカニズムにすぎない「自由」と「民主主義」あるいは「自由主義的市場経済」を世界に強制しようとする体制こそ、文化的にも政治的にも帝国主義そのものであり、神の理性に敵対する《非合理性》である。それが力をもって世界を制覇しようとするならば、力をもって対抗し、打倒しなくてはならない。これがウサマ・ビン＝ラディン氏の論理であることはいうまでもない。

それぞれがそれぞれの理性を武器に戦いあうこの姿は、マックス・ウェーバーが《神々の戦い》と名づけたものであって、そのなかでは、理性はもはや理性ではなく、政治的イデオロギーにすぎなくなっている。ビン＝ラディン氏の原理主義にしても、近代性や近代文明への対抗の姿勢から、ほんらいのイスラーム信仰の世界を離床し、それは近代的イデオロギーのひとつと化してしまったのだ。

サミュエル・ハンティントンはこうした状況を《文明の衝突》と名づけたが（Huntington 1996）、いうまでもなく文明は国家や種族のような実体ではなく、衝突などはありえない。ありうるのは、このような異なった理性の衝突、または価値体系の衝突であって、それらすべては近代性が生みだしたものであり、その意味ですべては近代文明の枠組のなかでの衝突である。

こうした衝突は、近代文明がつづき、理性の支配がつづくかぎり生じつづけるであろうし、グローバリズムが力への依存を深めれば深めるほど、その規模は拡大しつづけるであろう。二十一世紀の世界に平和や真のゆたかさを回復するためには、われわれは対立と混乱を生みつづける近代文明を終わらせ、近代性の論理そのものを解体させるべきである。

本書はそのような意図から書かれたものである。

＊

第一章から第三章までは、このような近代性の論理を生みだした近代の知、またそれによって築かれた社会体系、さらにそれによって生みだされた人間像を探るものである。

ウェーバー以来、近代社会は十六世紀の宗教改革によって出現したとするのが定説であり、またそれを否定するわけではないが、本書では、近代の知は、それに先だって理性と信仰を決定的に分裂させたトーマス主義とオッカムとの、対立しつつ相補的となった論理から出発することを明らかにする。これが理性と信仰、あるいは理性と感性、さらに客観と主観との分裂というデカルト的二元論に発展したことはいうまでもない。

それは神学や哲学だけの問題ではない。ライプニッツやニュートンからはじまるいわゆる自然科学も、合理論と経験論とのみかけの対立をともないつつも、結局は近代性の論理を相補的につくりあげていく。

古典力学やダーウィンの古典進化論の限界があらわとなったあとで出現した、量子力学のコペンハーゲン解釈や分子生物学とそれにともなう遺伝子決定論ともいうべき新ダーウィン主義生物学にいたる《最新の》自然科学でさえも、近代の自己意識にほかならないことも明らかにする。

それらをつらぬく近代性の論理の本質は、感性や身体性に対する理性の優位、いいかえれば人間の無意識を支配するプラティーク（慣習的行動）・レベルの構造に対してプラクシス（意識的行為）の優位を説くという、人間の思考の対称性の破壊にある。

これが近代性の諸悪の根源であるといっても過言ではない。第二章で明らかにしたように、近代社会の法の根幹である人権概念も、そのような対称性の欠如から結局観念の所産となり、主権・人権・私権、あるいは公的なものと私的なもの、市民的なものと国家的なもの、さらには超国家的なものなどの諸概念の混乱をまねき、社会的に解きほぐすことのできないゴルディウスの結び目をつくりあげてしまった。もはやだれも解きほぐすことのできないこの結び目形成の結果、近代社会は多国籍企業・金融機関という超国家的なものと、その巨大な私権の主張によって、内部から崩壊しつつあるといってもけっしていいすぎではない。

このような知と社会がつくりあげる人間像が、正常なものではありえないことは当然である。第三章は、近代人を蝕む《死にいたる病い》（キエルケゴール）の核心を明らかにする。それは基本的にはアイデンティティの問題である。ゴルディウスの結び目にからめとられ、アイデンティティを喪失した近代人は、彼らにとって虚無以外のなにものでもない死につらなる主観性の袋小路、つまり《実存》を探るか、外部に国家や社会への帰属意識という偽のアイデンティティを求めるほかはない。観念的な人権概念と不可分の《普遍的人間性》は、教育の場をはじめ、いたるところで個性を抑圧し、あらゆる差別の根源となる。

アレクサンドロス大王の剣が伝説の外ではありえないとすれば、こうした病理がからまりあう近代文明を、内側から変革するためにはなにが必要か、それが後半の主題となる。

まず、変転する現実に手をこまねくほかはない近代の蒼ざめた知に代わる脱近代の知とはなにか、が問題となる。第四章では、記号概念を手がかりにデカルト的二元論を超え、思考と物質からプラクシス（意識的行為）とプラティーク（無意識的行動）の対立に至るすべての領域で、これらの対立は対称《シンメトリー》にほかならず、それは構造という概念によって統合されていること、さらにそれは時間的・動的には構造的な弁証法——ヘーゲルやマルクス主義の主・反・合の線形弁証法ではなく——によってうごき、対称の破れもこの弁証法によって超対称《スーパーシンメトリー》として回復されることを示した。最新の神経生物科学や物理学の知見がそれを裏づけ、自然の本質的な非線形性をとらえようとする先端的な数学もそれを保証する。

この脱近代の知によって社会をいかに変革するか、それが第五章の主題である。だが、脱近代の知といっても、その基本的な部分は誤って未開とよばれていた社会や古代社会の知恵と重ね合わせとなっている。したがって社会の問題も同様であり、われわれは人類史を展望しながら、未来社会を構想しなくてはならない。かつての社会では、プラクシスのレベルでは多様な主張があり、個性が開花していたが、逆にプラティークのレベルでは、ここで《私の共有性》と名づけた認識の共通性があり、それが社会を統合していた。かつての私の共有性を復活することはできないとすれば、それに代わり、社会を《関心の共有性》という絆によって結びなおすしかない。すでにその一部がＮＧＯやＮＰＯというかたちではじまっているが、その網の目のうえに、多数意志による近代民主主義ではなく、一般意志による新しい民主主義を構築することが、脱近代の社会をつくりだす第一歩となる。さらにこうした一般意志をいかに国際化し、グローバリズムではない国際連帯を築きあげるか、がここで探られる。

それによって出現すべき新しい人間像は、脱近代文明のおおよその姿とともに、終章で素描されている。反グローバリズムの立場から書かれた多くの先行書が存在するが、人間・社会科学から自然科学にいたる総合的で超学問《トランスディシプリナリー》的な方法で書かれたものはほとんどない。ここに類書のない本書の特色があり、またそれによって認識論的で方法論的な深みをあたえることができたのではないか、と自負している。また私の『近代科学の終焉』（藤原書店　一九九八年）も、この本に先だって書かれた姉妹編としてお読みいただければ幸いである。

さらに本書が、個別のＮＧＯやＮＰＯ活動として展開し、また世界的なイラク反戦運動としてひろがった反グローバリズムに、共通の認識をあたえるこころみのささやかなひとつとなれば、と希望している。

＊

末尾ながら、『感性としての日本思想』『風と航跡』にひきつづき、本書の出版を推進してくださった藤原良雄氏と、『近代科学の終焉』同様、直接実務を担当していただいた清藤洋氏に心から感謝申しあげます。とりわけ、出版界に吹き荒れている安易な時流に流されず、思想や社会、さらには文明の変革のために出版社の個性を主張しつづけている藤原氏に、あらためて敬意を表したいと思います。

二〇〇三年四月　イラク戦争の余波の中で——

著者

母系制　151, 167
ポスト構造主義　146
母性原理　126, 144, 166-167, 169, 171, 174, 178, 181, 188-189, 217, 224-225, 229-230, 233-234
ホッブス，トマス　65, 72, 126-127
ポトラッチ　67
ボノボ　151
ホピ（族）　73, 109, 121, 126, 148, 150-151, 184, 188, 234

ま　行

マルクス，カール　10, 45, 51, 53, 73, 75, 138
マルクス主義　68
マルシリウス（パドゥアの）　35
マンデルブロ集合　61-62, 164-165

三島由紀夫　105
緑の革命（グリーン・レヴォリューション）　91, 186, 190, 207

メルロー＝ポンティ，モーリス　55

毛沢東　206

や　行

野生の自由　193, 201-202, 208, 216, 218, 221, 233-234, 236, 238

唯心論　45, 53
唯物論　45, 53, 138
ユーゴスラビア　→　旧ユーゴスラビア
ユダヤ＝キリスト教　29

ヨーガ　116, 169-170, 197, 223

ら　行

ラーマクリシュナ　45
ライプニッツ，ゴットフリート・ヴィルヘルム　44, 47
ラカン，ジャーク　23, 56, 101, 112, 126, 128
ラコタ（族）　72, 129

利潤　28
量子
　——香力学　57
　——色力学　57
　——力学（量子論）　21, 56-57, 156, 159, 170
リルケ，ライナー・マリア　107-108
倫理体系　150

ルソー，ジャン＝ジャーク　14, 33, 51, 65, 77, 110, 193, 226
ルネッサンス　36-37, 39
ルワンダ（内戦）　13, 52, 132

レヴィ＝ストロース，クロード　41, 148
歴史主義　52-53
レンブラント，ファン・リーン　40

老子　111
労働組合　210
ローレンツ，コンラート　150
ロシア革命　53, 205
ロマネスク　39
ロラン，ロマン　33, 45
論理実証主義　46

わ　行

私
　——の共有性　65, 67, 69-71, 74, 77-78, 93, 102-106, 108, 119, 123, 127-128, 130, 193-194, 197-198, 200, 212, 217, 226
　——の共有体　203

ニヒリズム　109-110
ニュートン，アイザック　21, 43, 46-47
人間
——主義（ヒューマニズム）　36-37, 39, 136
——中心主義（アントロポセントリズム）　36, 38, 82, 136, 216, 234
——的自然（人間本性＝ヒューマン・ネイチャー）　151-152
——の自然（本性）　222
——の神格化　36-37, 39

熱力学　48, 159-160, 161, 174
ネルー，ジャワーハルラール　207

は　行

パーレヴィ（旧イラン国王）　78
パスカル，ブーレーズ　43-44
ハタミ（イラン大統領）　78
バッハ，ヨハン・セバスティアン　39-40
ハルプリン，アン　197
——，ローレンス　195-197
バロック　38-40
反グローバリズム　195, 213

非線形　139
——現象　140, 162
——思考　163
——性　47, 161-162, 164, 174
ヒバロ族　129
ヒューマニズム　203
ピューリタン革命　50, 76
標準理論（スタンダード・セオリー）　57, 156-157, 225
ヒロシマ・ナガサキ　173
ピンカー，スティーヴン　149, 154
ヒンドゥー教　27, 236

ファッシズム　206
フィヒテ，ヨハン・ゴットリープ　138
父性原理　126, 144, 166-167, 169, 171, 174, 178, 181, 188-189, 217, 222, 224-225, 233-234
フセイン，サダム　78
仏教　27, 236
物象化　73, 75, 105, 111, 202
普遍的人間性　14-15, 133, 135
ブラウン，レスター　91
プラクシス　48-49, 51-54
フラクタル（理）論　62, 96, 162, 164
プラティーク　48-49, 51-53
プラトン　30-31, 221
——主義　29
——的世界　163-165
フランス革命　50-51, 53, 76, 110, 173, 205, 236
フランチェスコ教団　31, 33, 37-38
フランチェスコ　→　アシジのフランチェスコ
プリゴージン，イリヤ　159
フロイト，ジークムント　55, 100, 126
プロテスタンティズム　28, 40, 93
プロテスタント　37-38, 40
ブロトキン，マーク　186
文化革命　195-196
文化大革命　206
分子生物学　58

ベイコン，ロジャー　31
ヘーゲル，ゲオルク・ヴィルヘルム・フリードリヒ　45, 53, 138
ベートーヴェン，ルードウィヒ・ファン　33, 224
ヘッセ，ヘルマン　33
ベルクソン，アンリ　45
ベルダーシュ　122, 218
弁証法　34, 138, 171-172, 174, 189, 211-212
——的理性　24, 140, 176, 237
ヘンデル，ゲオルク・フリードリヒ　39

ホイットマン，ウォルト　33
ボーア，ニールス　157
ホーキング，スティーヴン　155

精神分析学　56
線形（リニア）　138
——思考　163
——性　47, 161
全体論（ホーリズム）　158-159, 174

臓器移植　81-82
相対性理論　21, 156, 159
疎外　73, 75, 105, 111, 202
素粒子　155-156
ソロー，ヘンリー・デイヴィド　33
ソングライン　54, 182

た　行

太極　168
——拳　169, 223
対称（シンメトリー）　148-149, 167-169, 174, 222
——性　174, 217, 224, 228-230, 232-233, 235, 237
——の破れ（非対称）　148, 167, 169, 174, 217, 229, 232, 235
多重世界
——解釈（メニー・ワールド・インタープレテーション）　156, 157-158, 217
——的宇宙論　174
多数意志　77, 192, 200, 226
ダヤク族　129
ダンテ・アリギエリ　35

知的財産権　86, 235
中国
——革命　53, 206
——文明　27, 236
超弦理論（スーパーストリングズセオリー）　57-58, 61, 156-157, 159, 174
超国家的なもの　79, 87, 89-90, 92-93, 96, 124, 202-203, 208, 211, 220, 228, 231, 235
超常現象　158
超対称（スーパーシンメトリー）　148, 167, 169, 174, 217, 231, 235
チョムスキー，ノーム　149, 154
チンパンジー　151

ディオニシウス・アレオパギータ　34
デーヴィス，ウェード　186
デカルト，ルネ　33, 42-44, 46
——的主体（主観性）　103, 107-108, 111, 119
——的二元論　10, 18, 22, 27, 48, 53-54, 57, 64, 75, 116, 145-147, 163, 174, 211
テラワーダ仏教　27, 236
天皇制　68-70, 181

道教　27, 236
——哲学（タオイズム）　170
同性愛　124
東南アジア文明　236
動力学　159, 174
ドゥンス・スコトゥス　31
トーテム　121, 180, 182-184
トーマス・アクィヌス　30-34, 36, 40, 43, 64
——主義　37, 42
特許権　235
ドミニコ教団　31
トム，ルネ　162
ドリーム・タイム　182
トリンギット族　72

な　行

ナショナリズム　11, 13, 23, 35, 51, 53, 77, 103, 119, 130, 202-203, 224
——・イデオロギー　111
ナチズム　206
ナチュラル・ヒストリー　41
夏目漱石　105
ナバホ　121, 129, 148

ニーチェ，フリードリヒ・ヴィルヘルム　45, 110-111

コモン・コーズ　209

さ　行

サイバネティックス　55, 139, 158
サルトル，ジャン＝ポール　54, 111, 138
サン・イルデフォンゾ族　184
散逸構造（ディッシパティヴ・ストラクチャー）　159, 161, 171, 174
サンド，ジョルジュ　123

シヴァ，ヴァンダナ　188, 207, 229
シエラ・クラブ　209
ジェラルッディーン・ルーミー　32
ジェンダー　118-125, 142, 148-149, 166, 168, 171, 178, 222
——・ギャップ　153, 166
——・バランス　131, 148, 166, 224, 233-234
——均衡　167, 179, 181, 188
私権　15, 22, 71, 73-75, 79-83, 86, 96, 112, 192, 200, 211, 235
自己
——愛　130-131
——実現　219
——疎外　73
自然法　234
実践合理性　94　→　形式合理性
実存主義　54, 111, 138
私的
——所有　73
——なもの（ル・プリヴェ）　74-75, 80
資本主義　28
島崎藤村　105
市民的なもの（ル・シヴィル）　74-75, 79-80, 96, 192, 200
シャンカラ　221
宗教改革　28, 37-38, 50, 70
私有制　15, 74, 113
シューマッハー，エルンスト・フリードリヒ　190, 206, 212
主観主義　46, 48
儒教　27, 236
主権　66-67, 71-72, 79, 192-193, 202, 208, 211-212
種族
——差別　133　→　人種（種族）差別
——中心主義（エスノセントリズム）　130
シュレーディンガー，エルヴィン　57
情報技術（ＩＴ）　18, 85-86, 211
ショーペンハウアー，アルトゥール　45, 110
辛亥革命　76
人格（パースナリティ）　125, 135
——的自己愛（ナルシシズム）　129
人工知能（ＡＩ）　60-61
人権　15, 22, 66-67, 71-72, 82, 112, 135, 193, 211
新自由主義　60, 89
人種（種族）差別　131
新ダーウィン主義（ネオ・ダーウィニズム）　58-59
進歩史観　52
新保守主義　60, 89
神話的思考　26, 41-42, 106-108, 120, 141-142, 148-149, 179, 223

スターリン主義　206
ストレイザン，マリリン　178-179
ズニ（族）　126
スピノーザ，バルーフ・デ　33, 43-45, 111
スワデシ（経済的自立）　206-207
スワラジ（政治的自立）　206

聖アウグスティヌス　→　アウグスティヌス
西欧
——古典音楽　159-160, 223
——文明　9
性差　153
生殖技術　15, 19, 59, 81-82, 235

カトリック　38, 40
神の人間化　36-37, 39
ガリレオ・ガリレイ　42
カルヴァン，ジャン　28, 37
環境税　230-231
還元論　155, 158, 174
関心
——の共有性　193, 195, 200, 209, 212, 217, 226
——の共有体　197-199, 202-205, 209-212, 220, 226-227, 231-232, 235-236
ガンディー，マハートマ　206-208, 212
カント，イマヌエル　46, 57
観念論　138
管理社会　87

気（プラーナ）　168-171
気功　169-170, 223
記号
——体系　101-102, 140, 143, 151
——論　146
客観主義　46-48
旧ユーゴスラヴィア（内戦）　13
共同組織（コンミュナル・オーガニゼーション）　191-192
キリスト教　9
近代——　236
近代
——国家　76-79, 111, 203, 212
——資本主義　93-95, 111
——性　18, 26, 220, 229
——的自我　100, 102, 107-108, 110, 113, 116, 119, 124

九月十一日事件　7-8, 212, 216
クザーヌス，ニコラウス　34-36
グレゴリオ聖歌　39
グローバリズム　79, 81, 86, 175-176, 190, 202-206, 208, 211, 220, 228, 231, 234 → 反グローバリズム
グローバリゼーション　8, 11, 17-18, 20-23, 60, 78-79, 85-86, 88-90, 96-97, 113, 126, 198, 203, 205, 208-209, 211-212, 215-216
食の——　114-115
クローン　81-82
——技術　15, 19, 59
グロトフスキ，イエルジ　197
クンダリニー・ヨーガ　170

経験論　43, 46, 48
形式合理性　27, 49, 94-96 → 実践合理性
啓蒙思想　46
ケインズ，ジョン・メイナード　10
ゲーテ，ヨハン・ウォルフガング・フォン　33, 45
弦（ストリング）　156
言語＝理性中心主義　10, 22, 28, 38, 42-43, 60, 94, 216
現象学　46, 54, 174
原子力開発　83-85

公共
——の福祉　81-83, 85-87, 96, 211
——の利益　81, 83, 85-86
公権　15
構造
——主義　106
——的弁証法　139, 163, 169
——論　158-159, 174
行動主義　55
合理論　43, 46, 48
——・経験論　45
国民
——国家（ネーション・ステート）　35, 51, 76, 203, 220
——総背番号制　19, 87
ゴジェ，ナトゥラム　207
ゴシック　39
国家的なもの（ル・ナショナル）　75-76, 78-79, 87, 96, 124, 192, 194, 208, 212, 220, 228, 231, 235
古典力学　21, 47-48, 56-57, 161
コペルニクス，ニコラウス　42
コペンハーゲン解釈　57, 157

索　引

あ　行

アーユルヴェーダ　186
愛国主義　23, 130, 224
アイデンティティ　11, 13, 17, 22, 52, 65, 70, 82, 100, 102-103, 117-119, 121-125, 131-133
アインシュタイン，アルバート　156
アヴィケンナ（イブン・シーナー）　29
アヴェロエス（イブン・ラシード）　29
アウグスティヌス　29, 36-37, 39
——主義　29-30, 34, 70
アウシュヴィッツ　173
アシジのフランチェスコ　31-34　→フランチェスコ教団
アドヴァイータ（絶対不二一元論）　45
安部公房　105
アメリカ（独立）革命　53, 76, 173
アリストテレス　30-31
——主義　37, 70
アルベルトゥス・マグヌス　30

イエス・キリスト　36, 39
イスラーム　9, 23, 27, 29-30, 32, 36, 237
——文明　9, 236
一般意志　77, 192-194, 198, 200, 202, 212, 226-227, 236
イデオロギー　23, 49-51, 53, 77, 119, 126, 129, 133, 175, 203, 224
遺伝子操作　19, 235
イラク革命　78
イラン革命　78
インド
——古典音楽　160
——哲学　45, 110, 160, 170
——文明　27, 236
インノケンティウス三世　31

ヴィットゲンシュタイン，ルードウィヒ　47, 60
ウェーバー，マックス　27-28, 37, 49-50, 93-94
宇宙論　151, 167, 169, 185, 188, 193, 217, 222, 233-234

エジプト革命　78
エシュロン　19
エディプス・コンプレックス（複合）　56, 126-127
エマースン，ラルフ・ワルド　33
エレクトラ・コンプレックス（複合）　127
エンゲルス，フリードリヒ　74

オーウェル，ジョージ　8, 18, 59, 87, 216, 235
オーストラリア・アボリジニー　54, 182
オッカムのウィリアムズ　31-37, 40, 46, 51, 64

か　行

カオス（理）論　62, 96, 154, 162
科学的思考　41-42, 106-107, 142, 148
カタストロフィー理論　162
価値合理性　27, 94

著者紹介

北沢方邦（きたざわ・まさくに）

1929年静岡県生まれ。信州大学名誉教授。専攻は構造人類学、科学認識論、音楽社会学。著書に『構造主義』『知と宇宙の波動』『天と海からの使言』『日本神話のコスモロジー』『歳時記のコスモロジー』『メタファーとしての音』『近代科学の終焉』『感性としての日本思想』『風と航跡』など多数。

脱近代へ――知／社会／文明

2003年5月30日　初版第1刷発行©

著　者　北　沢　方　邦

発行者　藤　原　良　雄

発行所　株式会社　藤　原　書　店

〒162-0041　東京都新宿区早稲田鶴巻町523

TEL　03（5272）0301
FAX　03（5272）0450
振替　00160-4-17013

印刷・製本　図書印刷

Printed in Japan
ISBN4-89434-338-X

脱近代の知を探る

近代科学の終焉

北沢方邦

ホーキング、ペンローズら、近代科学をこえた先端科学の成果を踏まえつつ人文社会科学の知的革命を企図し、自然科学と人文科学の区分けに無効を宣言。構造人類学、神話論理学、音楽社会学、抽象数学を横断し、脱近代の知を展望する問題の書。

四六上製　二七二頁　**三二〇〇円**
（一九九八年五月刊）
◇4-89434-101-8

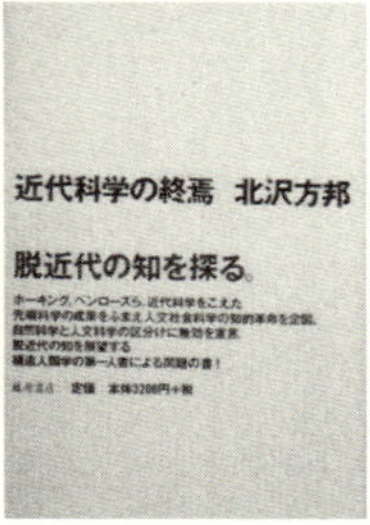

いま明かされる日本思想の深層構造

感性としての日本思想

〔ひとつの丸山真男批判〕

北沢方邦

津田左右吉、丸山真男など従来の近代主義、言語＝理性中心主義に依拠する日本思想論を廃し、古代から現代に至るまで一貫して日本人の無意識、身体レベルに存在してきた日本思想の深層構造を明かす画期的な日本論。

四六上製　二四八頁　**二六〇〇円**
（二〇〇二年一一月刊）
◇4-89434-310-X

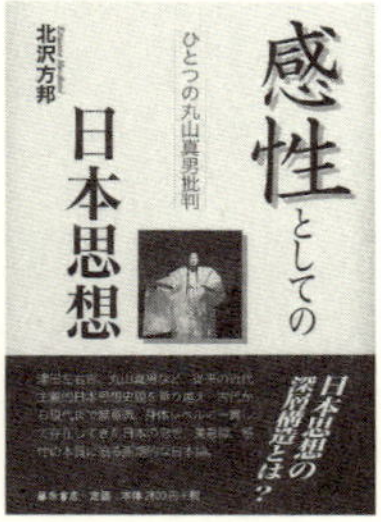

心象風景からみた激動の戦前・戦後史

風と航跡

北沢方邦

構造人類学者として知られる著者が心象風景と激動の歴史を美しい文体で綴った〝詩〟的自伝。牧歌的な幼年期、東京大空襲の黙示録的光景、草創期のみすず書房、『野生の思考』の衝撃、ホピ族との出会い……芸術を始点とする自身の知的冒険とその背後に浮かびあがる激動の戦前・戦後史。

四六上製　四〇〇頁　**三六〇〇円**
（二〇〇三年三月刊）
◇4-89434-330-4

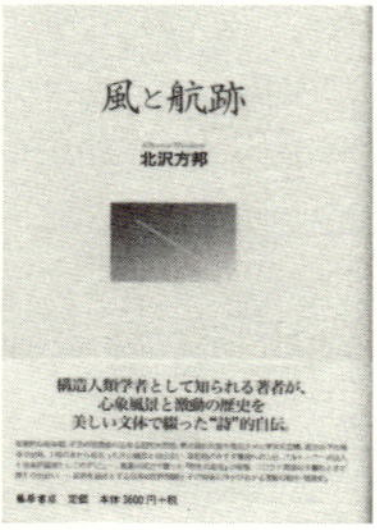

あたらしい共生論

多時空論

〔脳・生命・宇宙〕

西宮　紘

脳科学、分子生物学、量子論、相対論、宇宙論の最先端をつきぬけた、全くあたらしい「共生論」。近代主義をこえた最先端の科学を、人が生きるための思想として読む斬新な視点を呈示。多様性を認めない「一時空世界」から、共生する「多時空世界」へ。

四六上製　三〇四頁　**三六〇〇円**
（一九九七年一〇月刊）
◇4-89434-083-6

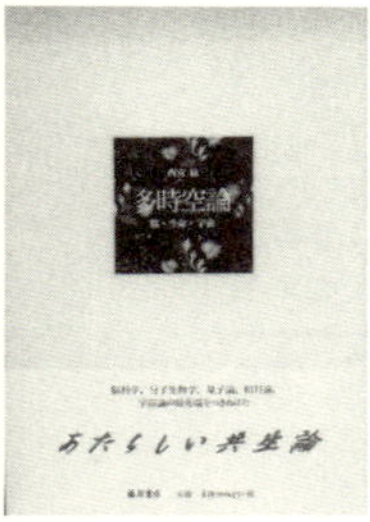